Gestión práctica de proyectos con Scrum

Desarrollo de software ágil para el Scrum Master

Antonio Martel

Edición

Abril 2016

Versión

3.0

Derechos

Derechos registrados en Safe Creative

ÍNDICE

PREFACIO - ¡HEY, SCRUM FUNCIONA!

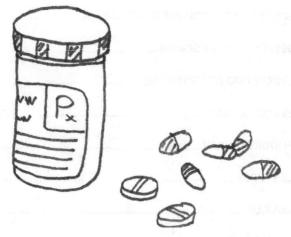

"La razón real para el uso de la presión y trabajar más horas puede que sea para que cada uno se sienta mejor cuando el proyecto está fallando"

Tom DeMarco

Así comienza el libro *'Scrum y XP desde las trincheras'* de Henrik Kniberg: ¡Scrum funciona! También lo ha hecho para nosotros, los equipos que desarrollamos proyectos medio ambientales y de seguridad (Policía) dentro del departamento de Administraciones Públicas de una consultora de software española.

Es difícil de cuantificar pero desde que comencé a usar Scrum allá por el año 2009 (ya lo sé, no fui un *early adopter*), hemos podido comprobar que se ha aumentado el número de proyectos terminados con éxito, no solo para nosotros, que somos los proveedores del software, sino también para nuestros clientes, que han recibido productos que van viendo crecer poco a poco hasta adaptarse a sus necesidades reales.

Entregar una parte del trabajo cada dos semanas y preguntar al cliente en qué quiere que trabajemos durante las dos semanas siguientes ha aportado cierta tranquilidad al trabajo diario. Esta relativa tranquilidad nos ayudó, en parte, a dejar atrás esa sensación de pequeño caos que aparece cuando hay que realizar grandes entregas comprometidas al final de un proyecto. Redujo el estrés para los desarrolladores pero también aportaba tranquilidad a todos los participantes que podían ver con regularidad en qué estábamos trabajando y cómo estaba quedando el producto desarrollado.

Trabajar para la Administración Pública, habitualmente reticente a nuevas metodologías de trabajo, no siempre fue sencillo, pero en numerosas ocasiones nos sorprendió su flexibilidad. El camino desde 2009 hasta aquí no ha sido fácil, desde luego. He cometido muchos errores y he tenido que aprender difíciles lecciones en el camino pero creo que el resultado ha merecido la pena. Desde ese año hasta hoy, Scrum se ha convertido en la metodología de seguimiento recomendada para muchos proyectos. Los principales portales de empleo europeos e internacionales están llenos de anuncios en los que se solicita experiencia Agile y con alegría compruebo también que, cada vez con más frecuencia, Scrum es la metodología solicitada en pliegos de prescripciones técnicas de licitaciones públicas en las administraciones españolas y en RFQs de proyectos europeos internacionales.

Difícil pero grato el camino seguido aprendiendo Scrum y Agile. Le auguro aún muchos más años de proyectos que terminan con éxito.

INTRODUCCIÓN

"Un mal comienzo provoca un mal final"

Eurípides

Te acaban de nombrar gestor de proyectos en tu empresa y has oído hablar de metodologías ágiles, de Scrum, de Kanban y de un montón de otras cosas que te gustaría probar. Has comenzado a leer y a leer sobre artefactos, principios y manifiestos pero aún no lo tienes muy claro.

No sabes si tu desconocimiento te hará poner en riesgo el proyecto pero probablemente, lo que más te preocupa es que todo esto no sean más que *buzzwords* que están ahora de moda y que no vayan a tener ningún efecto real sobre el trabajo diario o, peor aún, que un cambio tan importante en la forma de hacer y llamar a las cosas cree rechazo en tus equipos de trabajo, tus clientes y la dirección de tu empresa. Para mi suerte, o para mi desgracia, también he pasado por todos estos problemas por lo que pretendo en este libro contarte cómo los he resuelto yo (cuando he sabido hacerlo) o, al menos, qué probé y qué me falló.

No esperes encontrar en este documento una guía técnica exhaustiva de Scrum. No lo sé todo sobre Scrum y la implementación que sigo está lejos de ser perfecta. Para conocer a fondo Scrum te recomiendo seguir alguna de las populares guías de Scrum que puedes encontrar en Internet o libros como los de Henrik Kniberg o el propio Jeff Sutherland, creador de Scrum.

A pesar de seguir solo un *Scrum de supervivencia* y que aún me queda mucho por mejorar, Scrum me ha funcionado. Usándolo hemos conseguido ganar credibilidad en proyectos difíciles, que no marchaban como esperábamos. Logramos reducir el número de situaciones de estrés que, afortunadamente, ya no se dan con tanta frecuencia y aumentar la satisfacción del cliente que va viendo, sprint tras sprint, que recibe valor por el dinero que está pagando. No en todos los proyectos en los que he trabajado he podido seguir la metodología Scrum al pie de la letra pero, no hay duda, tan solo intentando ser más ágil hemos conseguido mejores resultados en los proyectos en los que trabajamos.

Cuando comenzamos a usar Scrum todos tendemos a emplear la terminología propia de este marco de trabajo, hablando de *daily sprint meetings, product backlogs* o *burndown charts* y a seguir a pies juntillas las guías de Scrum cuando en realidad nadie nos entiende, ni siquiera lo hacemos nosotros, que al no comprender bien el espíritu que hay detrás de estas reglas terminamos haciendo un proyecto en cascada, como los de toda la vida, disfrazado con una terminología que nos hacen parecer más innovadores.

Más que contarte cómo hacer las cosas o explicarte de forma detallada cuántas reuniones debes tener y cuántos minutos debe durar cada una, quiero contarte en este libro cuál es el sentido que tienen estas reuniones, para qué sirven los artefactos que se explican en las guías de Scrum y qué vas a obtener con ellos. Intentaré que comprendas los principios ágiles que están detrás de esta forma de trabajar y que son los que realmente hacen que esto funcione ¡Espero que este libro te sea muy útil!

ANTES DE COMENZAR, VEAMOS QUÉ ES SCRUM

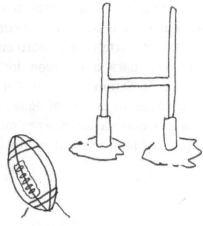

"¿Cómo se gestiona un proyecto cuando no se ha recibido formación previa en gestión? Pues sufriendo mucho"

Albert Cubeles

Scrum es un *framework* o conjunto de buenas prácticas para la gestión de proyectos. Se basa en un estudio realizado sobre los procesos de desarrollo utilizados con éxito en Canon, Xerox, Honda o HP (que en los años 80 eran las Google o Apple de ahora). En este estudio se comprobó que estos equipos partían de unos requisitos muy generales para sus productos y que además debían salir al mercado en muy poco tiempo. Eran equipos altamente productivos que seguían unos patrones muy similares.

En 1986, los autores de este estudio, Takeuchi y Nonaka, tomaron nota de estos patrones comunes que encontraron y definieron esta forma de trabajar como una unidad que se pasa el trabajo de unos a otros para que cada uno haga su parte, como cuando en el rugby la línea de ataque se pasa el balón hasta hacer un *touchdown*. De ahí derivaría posteriormente el nombre 'Scrum' para este marco de trabajo.

A principios de los 90, Ken Schwaber y Jeff Sutherland presentaron por primera vez una descripción de la metodología que hoy conocemos como Scrum resumiendo sus experiencias y las mejores prácticas en la industria.

Scrum se basa en entregas parciales y regulares del producto final, comenzando por aquellas funcionalidades más importantes para el cliente, por lo que Scrum está especialmente indicado para proyectos donde se necesita obtener resultados pronto o donde los requisitos son cambiantes y la competitividad, la flexibilidad y la productividad son cruciales (¿dónde no lo son?). Esto permite no alargar demasiado las entregas y reaccionar antes de que los costes se disparen.

En Scrum se define una forma de trabajar basada en artefactos o herramientas (lo siento, no me gusta la palabra 'artefactos'), en una serie de reuniones a mantener a lo largo del proyecto y en unos roles que deben tomar los participantes del proyecto.

Artefactos o Herramientas

Pila del Producto: Es simplemente la lista de tareas a realizar. Ahí se especificará a alto nivel cada una de las funcionalidades que deberá tener el producto final a completar. Esta lista deberá ser definida y priorizada por quién conoce las necesidades que nuestro producto va a resolver o quién representa a los interesados en que este producto funcione (el Dueño del Producto).

Tener esta lista de tareas en un lugar visible y repasarla cada poco tiempo nos va a ayudar a no perder la perspectiva del trabajo que nos queda por hacer. Ir eliminando puntos de esta lista nos va a dar una sensación de que avanzamos, de que nos estamos acercando al final del proyecto. Es una sensación parecida a cuando estudiábamos y poníamos en una hoja de papel cada uno de los temas que debíamos preparar para el examen. Tachar en esa hoja un nuevo tema cada vez que lo terminábamos nos hacía querer comenzar cuanto antes el siguiente para poder tacharlo pronto. Además nos permitía saber de un simple vistazo cuánto nos quedaba por estudiar y si terminaríamos todo a tiempo antes del examen.

Pila del Sprint: De la lista grande anterior, el Dueño del Producto, escogerá una lista más pequeña con las tareas que el equipo pueda hacer durante las próximas 2 semanas. A ese periodo de 2 semanas se le llama *sprint* ya que durante ese tiempo vamos a hacer una pequeña carrera para tener listas y probadas todas las tareas que el equipo se comprometió a terminar en ese periodo. La duración habitual de un *sprint* debe estar entre 1 y 4 semanas.

Realizar entregas cada dos semanas nos hará más abordable el trabajo a realizar que haciendo una única entrega grande al final del proyecto. Establecer pequeñas metas más frecuentes no nos permitirá desfallecer ante todo el trabajo que queda por delante ¿Alguien imagina si todas las cuotas de nuestra hipoteca las debiésemos abonar en un único pago anual? Muchos serían poco previsores y se pasarían los últimos meses apretándose mucho el cinturón para arañar unas monedas que les permitiesen cumplir el plazo de pago. Otros guardarían a un lado una cantidad mensual o semanal con la que llegar a la fatídica fecha sin ahogos de última hora. Esta es una filosofía muy parecida a la que conseguimos con las entregas parciales en cada demo del *sprint*.

Gráfica Burndown: Cuando el Dueño del Producto, en la Reunión de Demo al finalizar el *sprint*, da el visto bueno a algunas o todas las tareas comprometidas, pone su estimación de trabajo pendiente a cero, por lo que quedan menos tareas por hacer y la gráfica cae (por eso el nombre *burndown*). Cuando la gráfica toque suelo (quedan cero tareas pendientes en la Pila del Producto) habremos acabado el proyecto ¡Enhorabuena! (parecía que ese día no iba a llegar nunca).

En mi experiencia, la gráfica *burndown* no solo ayuda a saber lo bien o mal que se va en el proyecto sino que además motiva al equipo de trabajo a mejorar la pendiente de la gráfica. Si en el *sprint* actual la gráfica había avanzado mucho una actitud habitual era '*Si esto está bien, ya verás lo que podemos hacer en el próximo sprint*'. Si, en cambio, la gráfica no tenía mucha pendiente sino que era más bien plana el equipo solía decir '*El trabajo para el próximo sprint no es tan difícil, podremos acabar lo que no terminamos éste y además sumar todos los puntos del siguiente*'.

Los roles

Dueño del Producto: Establece y prioriza la lista de funcionalidades a desarrollar en el proyecto (la Pila del Producto) de acuerdo con las necesidades de quién paga por el producto. Aporta la perspectiva del cliente y lo que éste necesita. Se encarga además de describir las tareas o funcionalidades que se recogen en la Pila del Producto y en la Pila del *Sprint*. Este papel lo juega normalmente alguien elegido por nuestro cliente para representar a todas las personas interesadas en obtener un producto final que les sea útil (usuarios, gestores o directivos del cliente).

Un Dueño del Producto que define con claridad las funcionalidades que requiere del producto, que conoce bien su negocio y que mantiene unos objetivos claros, sencillos y lejos de complejidades innecesarias ¡no tiene precio!

Scrum Master: No es exactamente el jefe de proyecto tradicional. Ese rol se reparte entre el propio Scrum Master y el Dueño del Producto. Su misión más importante es la de proteger al equipo de interrupciones mientras trabajan para completar el *sprint* y resolverles cualquier incidencia u obstáculo que les impida cumplir la meta del *sprint*. Preparará las reuniones y se asegura de que sean productivas. Asignará también las tareas al equipo de Trabajo y hará un seguimiento de las ya asignadas.

El Equipo de Trabajo: Son los miembros del equipo que tienen la responsabilidad de entregar el producto. Al final de cada *sprint* deben entregar las historias de usuario revisadas y comprobadas. En caso contrario fallarán en la Reunión de Demo (y todos pasaremos algo de vergüenza).

Reunión de Planificación del *sprint*: Antes de comenzar el trabajo previsto para las próximas 2 semanas te reunirás con el Dueño del Producto (y con las personas del cliente que éste considere) y definirán qué prioridad tienen las tareas que deben realizarse durante ese tiempo (si el equipo considera que puede hacerlas en plazo). El Dueño del Producto dará detalle de las tareas escogidas explicando al equipo lo que se necesite para hacer el trabajo.

Teniendo en cuenta la capacidad de trabajo del equipo durante esta Reunión de Planificación permite, entre otras cosas, encajar los periodos de vacaciones de los miembros del equipo. Es tan sencillo como explicar *'Dentro de dos semanas nos comprometemos a entregar solo 3 de estas tareas en lugar de 5 como viene siendo habitual. Alberto y Pilar tienen vacaciones la próxima semana'*. Esto no suele suponer un problema ya que el Dueño del Producto llevaría recibiendo entregas del trabajo *sprint* tras *sprint* de forma consistente.

Reuniones diarias: El equipo de trabajo y el *Scrum Master* se reunirán cada día, mejor al inicio de la mañana, durante 15 minutos para contestar a las siguientes preguntas:

- ¿Qué se hizo desde la última reunión?

- ¿Qué se hará desde ahora y hasta la próxima reunión?

- ¿Qué está impidiendo hacer el trabajo lo mejor posible?

Ejerzo habitualmente de *Scrum Master* en varios proyectos y a cada una de las reuniones diarias llevo una hoja impresa con estas tres preguntas donde mantengo registros de las respuestas del equipo de trabajo. Al final de cada una de estas hojas he añadido un apartado adicional llamado *'Tareas para el Scrum Master'*. En él anoto todas las cosas que el equipo de trabajo necesita para continuar o que les está dificultando el trabajo. Anotaciones habituales son: *'Llamar al cliente y pedir lista de usuarios (¡mañana comenzaremos con esa tarea!)'* o *'Pedir exportación de la base de datos (necesitamos una copia antes de empezar a modificar datos)'*. Es frecuente que pase el resto de la mañana intentado resolver estos problemas.

Reunión de Demo: Al finalizar cada *sprint* se concreta una fecha de reunión con el Dueño del Producto y se le hace una demostración del trabajo realizado en esas dos semanas. En esta reunión el Dueño del Producto revisará lo que se le está mostrando y dará su visto bueno o no a lo que ha visto.

Para poder cerrar la funcionalidad es importante que esté completamente terminada y libre de errores (serán necesarias las pruebas del equipo de trabajo y una validación completa del cliente). Si no fuese así, se llegaría al final del proyecto según la gráfica *burndown* (todas las tareas estarían a 0 horas de trabajo pendiente) pero el proyecto aún no está finalizado porque hay funcionalidades incompletas o con errores por corregir.

Estas entregas periódicas permiten ver al cliente cómo va avanzando su producto, qué se está haciendo en cada *sprint* y decidir luego, en la Reunión de Planificación, qué quiere ver en la siguiente Reunión de Demo. Esto permite ganar confianza ante el cliente, que no pierde de vista a la empresa desarrolladora una vez ha terminado la toma de requisitos, para volverla a ver meses después con un producto ya completado sobre el que tiene pocas posibilidades de modificación.

Reuniones de retrospectiva: Después de cada *sprint*, una vez realizada la demo al cliente, el *Scrum Master* y el equipo de trabajo se reúnen para estudiar los problemas que han podido ocurrir en esas dos semanas, por qué la demo no salió todo lo bien que debería (o sí) y si se puede hacer algo para mejorar en la próxima entrega.

Es bueno que el equipo de trabajo se sienta libre de expresar lo que consideran que han sido los principales problemas aunque eso te haga subir los colores. Los problemas a veces están en la *'zona ciega'* del *Scrum Master* y es necesario que alguien nos lo haga ver.

Principios detrás del movimiento ágil

Hace casi 15 años, en 2001, se reunieron en Utah diecisiete profesionales del software críticos con los modelos de desarrollo de software que se llevaban hasta entonces. Los consideraban demasiado pesados o rígidos. En esa reunión estaba gente como los fundadores de Scrum o Kent Beck y Martin Fowler. Habían quedado para hablar sobre nuevas técnicas y procesos para desarrollar software.

De esa reunión salieron una serie de principios que debían cumplir los nuevos métodos alternativos (y ágiles) que estaban proponiendo, los llamados principios del manifiesto ágil.

Uno de estos principios es:

> *Our highest priority is to satisfy the customer*
> *through early and continuous delivery*
> *of valuable software.*

Parece obvio que esto es lo que debe hacerse en cualquier desarrollo y con ese ánimo comenzamos cada nuevo proyecto pero pronto comienzan las prisas. Nuestro director nos pregunta cuántas horas llevamos empleadas (y llevamos ya muchas), nuestro cliente nos pregunta cuándo va a tener listas todas las funcionalidades y nuestros compañeros de trabajo nos preguntan si ya pueden cogerse las dos semanas de vacaciones que les debemos.

Empieza a pintar feo. Ya nos hemos vuelto a meter en un jaleo. Tenemos que volver a rehacer el diagrama de Gantt con las nuevas fechas de entrega programadas, tenemos que buscar otras fechas para las vacaciones (incluso las nuestras) y tenemos que dar un montón de explicaciones al director: *'Es que nos han pedido cambios, es que las tecnologías eran nuevas, es que estimamos mal'*.

A partir de aquí es cuando tendemos a ponernos firmes, a exigir un esfuerzo adicional al equipo de trabajo y a negar cualquier pequeño cambio al cliente. Si no está exactamente escrito así en el contrato que firmamos o en el acta de una reunión que tuvo lugar hace seis meses, lo siento, pero no lo haremos.

El caso es que el cliente también hizo esto. Redactó un contrato muy claro en el que te dijo cada una de las funciones que quería (o las que quería en el momento de redactarlo). Quizás ya no las necesite o se haya dado cuenta de que hay otras más importantes pero están en el contrato y hay que hacerlas. El proyecto no puede acabar y dejar un 30% de funcionalidades por hacer.

En este momento ya hemos perdido de vista la que debe ser la máxima prioridad en nuestro trabajo. Entregar de forma continua software que funcione y que aporte valor. A partir de aquí ya no quedan sino duras negociaciones y un contrato que trataremos de cerrar cuanto antes con el menor daño posible.

El contrato podrá tener muchos artículos y estipulaciones pero, ponga lo que ponga, cuando el cliente lo redactó lo que quería era una solución a su problema, no una discusión sobre si se debe o no implementar esa función o la otra.

Pero, si vamos entregando cada poco tiempo el software que vamos haciendo, lo dejamos para que lo pruebe y lo use, que nos diga su opinión. Dejemos que encuentre lo que echa en falta o lo que podría mejorar. Va a querer que le implementemos esto que ahora ha visto que necesita y estará encantado de quitar a cambio esa funcionalidad para exportar a ficheros *.rpt* que ya ni se acuerda de quién se lo pidió ni por qué.

Al finalizar el proyecto el cliente tendrá un producto que de verdad resuelve sus problemas, que ha ido evolucionando a medida que él mismo aprendía y que ha podido usar y probar desde las primeras semanas del proyecto. Suena mejor para cliente y proveedor ¿no?

Requisitos que pueden cambiar

Hace ya unos cuantos años, antes de aplicar por completo todo esto de Agile, trabajé en el desarrollo de una aplicación web que debía gestionar las fichas de trabajo del cliente mediante una serie de pasos o *wizard* que guiase al usuario sobre la fase en la que estaba.

Realizamos un análisis completo, recopilamos todas las necesidades que el cliente tenía y de ahí salieron una lista de funcionalidades a implementar. Todo normal. Funcionalidades correctas y coherentes que solucionaban problemas concretos. Con el grueso documento de requisitos y su correspondiente diseño nos pusimos a implementar, una tras otra, cada una de estas funcionalidades.

En aquel momento ya intentamos ser algo ágiles (*some way*) e íbamos enseñando en pre-producción cada dos semanas lo que íbamos haciendo. No tenía mala pinta. Era fácil de usar e incluso nos dieron la enhorabuena por el trabajo que iban viendo.

Estábamos contentos por lo que continuamos así hasta desarrollar con no poco esfuerzo hasta la última de las funcionalidades que estaban en el documento de análisis aprobado. Fue entonces cuando subimos a producción...

En cuanto los administrativos estuvieron unos días usando la aplicación se dieron cuenta que habrían venido bien algunos cambios: incluir una tabla en cada pantalla con los documentos originales para no perderlos de vista, evitar salir a otro menú cuando se quiere crear una entidad, añadir más controles para evitar errores al finalizar una ficha, etc. La mayoría eran pequeños cambios que no llevarían más de 2 o 3 días de desarrollo pero nosotros ya habíamos acabado el presupuesto (y más).

Entre las funcionalidades que habíamos desarrollado al principio, había algunas de bastante complejidad que te permitían complicados cambios entre procesos, y que costó bastante desarrollar (y testear para tener en cuenta todos los posibles casos). Pregunté por ellas meses después pero nadie sabía de su existencia ni en qué menú estaban. Tampoco le dieron importancia. Cuando habían necesitado algo parecido cancelaron el proceso y empezaron uno nuevo.

Cuando empezamos el proyecto, ni yo, ni el cliente, ni los usuarios teníamos una idea exacta de lo que iba a funcionar bien. Simplemente no podíamos saberlo a ciencia cierta ¿Qué podíamos haber hecho para evitar esto? Pues subir a producción en cuanto tuviésemos las funcionalidades básicas para los primeros procesos. Ahí habríamos visto con facilidad todos estos pequeños cambios que habrían hecho la aplicación más práctica y fácil de usar.

Desde entonces, en nuevos proyectos, cuando los usuarios ven la necesidad de cambios como éstos, me preguntan por la posibilidad de incluirlos. No tienen ningún problema en descartar otras funcionalidades de las que ya ni se acuerdan de porqué las pusieron en los pliegos de contratación o a las que ahora no le ven tanto sentido.

La lista de funcionalidades está estimada desde el inicio en el *product backlog* y el cliente conoce esta estimación. Simplemente nos dice '*Quítame la funcionalidad número 18 que llevaría 8 días de trabajo y cámbiamelas por estas dos nuevas que suman 6. Guardamos estos dos días por si solicitásemos algún cambio más*'. Éste es otro de los principios ágiles:

Welcome changing requirements, even late in development. Agile processes harness change for the customer's competitive advantage.

En general supone una ventaja para el cliente que obtiene un producto que le funciona y que no queda cojo hasta que se realice una nueva contratación para un mantenimiento evolutivo (a pagar con dinero extra), pero también es una ventaja para nosotros como proveedores que sumamos un proyecto que nos sirve referencia, en el que controlamos bien cada hora invertida y evitamos entregar un producto, en el que gastamos todo el presupuesto y al que le faltan cosas importantes.

VENTAJAS Y DESVENTAJAS DE SCRUM

"No hay nada más difícil, ni éxito más dudoso y peligroso de manejar que iniciar un nuevo orden de las cosas"

Maquiavelo

Desventajas de usar Scrum

¿Cuántas tecnologías no han aparecido rápidamente y desaparecido a mayor velocidad aún? Todas prometían ser revolucionarias, la nueva bala de plata que acabaría con los problemas de la industria del software. Cuando oímos tanto bombo, como el que oímos sobre Scrum y Agile, nuestra primera reacción es la de arquear una ceja en actitud crítica.

Si vas a adoptar Scrum en tu proyecto o empresa es bueno que conozcas antes sus inconvenientes:

El equipo puede estar tentado de tomar el camino más corto

Cuando cada dos semanas hay cosas que entregar, en las últimas entregas no se completaron todas las funcionalidades previstas y la velocidad del equipo no predice que vayamos a terminar en plazo, tenemos un problema: puede surgir la tentación de resolver las tareas pendientes de cualquier manera y dejar *'deudas técnicas'* en el trabajo. Aparentemente todo va bien, más funcionalidades hechas, empezamos otras nuevas y el cliente está contento porque se están cumpliendo los plazos.

Pero siempre que dejas un borrón ahí atrás puedo asegurarte que volverás a tropezar con él. Si nuevas cosas han sido construidas sobre este borrón, la *'deuda'* comenzará a multiplicarse. Antes o después tendrás que parar todo y devolver la deuda comprometida (con intereses de demora). El proyecto no termina de cerrarse cuando parecía que ya quedaba poco por acabar y la gráfica *burndown* parece tener una asíntota horizontal en 0 (lo siento, *deformación* profesional/educacional, Cálculo I).

¿Necesitas con mucha antelación fechas exactas de entrega?

Esta es una de las críticas más habituales a Scrum. En cierta forma es lógico que Scrum no pueda darte esas fechas. Al inicio del proyecto no puedes predecir cuándo lo vas a acabar si estás facilitando que lo que se va a construir cambie y varíe en el tiempo. Pero ¿se prefiere un producto que se sabe con *'certeza'* que va a finalizar en 12 meses pero que está construido sobre las ideas y opiniones que se tenían cuando se comenzó un año antes? Quizás se prefiera un producto que podría acabar en el plazo similar pero que hemos podido evolucionar hacia nuestras necesidades reales y que hemos podido usar y probar antes de la entrega final.

¡Estrés!

No nos podemos pasar la vida esprintando. Hacemos una entrega y ya nos comprometemos para la siguiente que está solo a un par de semanas vista. Luego otra y otra. Si tenemos que recorrer muchos kilómetros así comenzaremos con un rápido *sprint* para llegar a la primera meta pero llegaremos caminando a la última, eso con suerte. Es algo que deberemos tener en cuenta desde la primera planificación.

¿El equipo es auto-organizado?

Una de los principios de Scrum es que el equipo debe tomar sus propias decisiones y auto-gestionarse. Además, se requiere que no haya equipos que se dediquen solo a tareas concretas como análisis, tests, diseño, documentación, desarrollo, etc. sino que entre todos los integrantes de un mismo equipo se puedan hacer todas estas tareas sin depender de equipos o miembros externos ¿Siempre contamos con un equipo así? ¿Qué pasa si no lo tenemos o nos falta un perfil importante?

Ventajas de Scrum

No quiero convertirme en uno de esos evangelistas de lo ágil que pregonan por doquier lo bueno y moderno que es ser ágil pero después de hablar sobre los inconvenientes de Scrum toca ahora hablar sobre sus ventajas. Me voy a centrar en una de sus características más importantes: las entregas periódicas. Con estas entregas Scrum va a permitir:

Que el cliente comience a usar ya su producto

El cliente puede decidir poner en marcha el producto aún cuando no están todas las características construidas. Cuando se haya desarrollado el 20% de las nuevas funcionalidades, que son las que serán usadas el 80% del tiempo (principio de Pareto), el producto podría comenzar a andar.

Con el *feedback* de los usuarios tras poner en explotación una de esas entregas podremos darnos cuenta de que hay nuevas funcionalidades que son mucho más importantes que el 80% de las tareas restantes que aún tenemos por hacer en la Pila del Producto. Alguien puede decirnos *'pero si el borrador del nuevo decreto ya no exige la entrega de la autorización firmada'* o *'en realidad lo que necesitamos es un botón para poder cancelar el trámite'* (dos experiencias reales).

Que pueda decidir hacia dónde vamos

Los negocios cambian, las necesidades varían, nuevas normativas aparecen. Lo que era muy importante cuando se firmó el contrato podría no serlo seis meses después. El cliente puede decidir nuevos objetivos, qué hacer en cada nuevo *sprint* que comienza y en qué debemos trabajar para la próxima entrega.

Divide y vencerás

Las tareas titánicas requieren de esfuerzos del mismo orden. Si debemos entregar solo una parte de esa tarea cada dos semanas la carga se nos hará más llevadera. Tareas más pequeñas y abordables harán que nos parezca menos difícil el trabajo y que con cada entrega tengamos la sensación de estar dando un nuevo paso hacia la meta final.

Menos sorpresas

Viendo crecer el producto poco a poco todos vamos a tener una idea de qué estamos haciendo con él y si nos va a ser útil o no. Además, con relativa exactitud sabremos a qué ritmo se están entregando las cosas y cuánto tardaríamos en tenerlo acabado. ¿Es necesario tomar medidas para corregir el rumbo? Lo sabríamos en semanas.

Entregar lo que el cliente necesita

Uno de los principios básicos de Scrum (y también unos de sus desafíos) consiste en la aceptación de que el cliente puede cambiar de idea sobre lo que es necesario o no. Con Scrum se intenta dar una respuesta flexible admitiendo que el propio cliente puede no tener completamente definido cuál es el problema y que, a menudo, a medida que avanza el proyecto éste puede darse cuenta de qué es lo que realmente necesita. Por esto, entre otras cosas, Scrum es denominada como una metodología ágil.

La lista de requerimientos y funcionalidades creada al principio del proyecto es abierta y puede ser modificada en cualquier momento. Contiene estimaciones aproximadas del esfuerzo que supone el desarrollo de estas funcionalidades y, antes de comenzar cada iteración o *sprint*, se toma un grupo de estos requerimientos como objetivo para el final del mismo. Dos o tres semanas más tarde, los requisitos serán otros y el nuevo objetivo a alcanzar puede ir en una línea distinta a la definida unos *sprints* atrás.

Es una nueva forma de trabajar, un tanto difícil de asimilar, tanto para el cliente como para el proveedor. Hay caminos aparentemente más fáciles. Siempre podemos volver a la fórmula tradicional: En primer lugar, analizamos el problema durante meses, cuando tenemos claro lo que debe hacerse comenzamos a desarrollar la solución duramente unos meses más. Al finalizar, cruzamos los dedos y entregamos el producto final al cliente.

Después de este punto, quién no ha oído frases como *'Pero esto no es lo que yo quería, aquí falta...'*, *'No, así no era, no me entendiste bien ...'*, *'Sí, está bien, pero voy a llamar al Director que es quién realmente da el visto bueno'*. Después de los meses de trabajo invertidos, las prisas y el estrés para cumplir las fechas comprometidas, el cliente no ha recibido lo que necesitaba y necesitaríamos trabajar aún más para intentar parchear la solución proporcionada.

Cómo ayuda Scrum a construir proyectos grandes

Revisitando el post de Raúl Hernández con el título *'Aprendiendo a construir catedrales'* comencé a darle vueltas a esa conocida historia sobre la construcción de catedrales. En ella se cuenta que a dos obreros que se encuentran picando piedra para la construcción de una catedral, se les pregunta qué es lo que están haciendo. Mientras uno responde sobre lo penoso e interminable que es construir el muro en el que está trabajando ahora, el otro responde simplemente *'Estoy construyendo una catedral'*.

Me he preguntado si se puede ser ágil cuando uno construye algo tan grande. Creo que la respuesta es que sí. Por lo menos a mí se me ocurren algunas ventajas a ser ágil cuando se está inmerso en un proyecto del tamaño de una catedral:

Con un framework como Scrum siempre tendrás presente el objetivo final y las características que se quiere que tenga. En la Pila del Producto tendrás una lista de requisitos como la construcción de la planta, levantar la bóveda, decorar puertas o ventanales y otras muchas cosas que darán forma a la catedral final.

Pero una vez definido el objetivo hay que ponerse a picar piedra. Al comienzo de cada iteración, el equipo elegirá qué tareas puede acometer de entre la lista de cosas por construir (priorizadas por nuestro cliente). Se definirá un objetivo más pequeño para las próximas semanas por lo que tendremos una nueva meta, mucho más cercana, que no permitirá que desesperemos por lo lejos que está la meta final. Es el momento de coger martillo y cincel.

Al separar las tareas a realizar en pequeños grupos y tratar de resolverlos en periodos fijos de tiempo (*timeboxed*) cada uno con su propia meta, tiene las ventajas de la estrategia *divide y vencerás*. Planeas tu objetivo más inmediato y lo que vas a hacer para resolverlo sin abrumarte con todo el trabajo que aún queda por delante. Una gráfica *burndown* ayudará también a ver que el trabajo restante va disminuyendo y que, por lento que nos pueda parecer, avanzamos hacia nuestro producto final, la catedral.

SCRUM PARA TODO TIPO DE PROYECTOS

"Todas las ideas, incluso las sagradas, deben adaptarse a nuevas realidades"

Salman Rushdie

Scrum en proyecto de mantenimiento

Una duda habitual entre los que se plantean gestionar un proyecto con alguna metodología ágil es si es posible aplicar Scrum a proyectos en los que, además de las tareas previstas y planificadas, suele haber interrupciones frecuentes para resolver problemas de mantenimiento, corrección de errores o resolución de incidencias. Muchos jefes de proyecto se enfrentan a este tipo de problemas y utilizan diversas aproximaciones para resolverlo. Aquí van un par de ellas:

Sprints cortos

Con esta solución mantendremos las tareas ya programadas en la planificación del *sprint*. Al tener *sprints* de 1 o 2 semanas de duración podremos incluir la tarea no planificada como prioritaria en la lista de cosas a hacer en el siguiente *sprint*. Si el *sprint* tiene una semana de duración tardaremos una media aproximada de tres días laborales en comenzar a acometer la tarea urgente.

Esto funcionaría en un mundo ideal pero tiene alguna pega, no todas las tareas pueden esperar varios días para ser solucionadas. El servicio entero podría depender de ella.

Factor de dedicación bajo

Si sabemos que con frecuencia nos llegarán tareas inesperadas o incidencias que debemos resolver con mucha rapidez, podemos bajar el factor de dedicación durante el *sprint* para dar 'hueco' a la resolución de estos problemas.

Sabiendo que en cada *sprint* el equipo tiene capacidad para resolver alrededor de diez puntos de historias programadas podríamos comprometernos a entregar solo siete para que el equipo tenga tiempo de resolver las incidencias urgentes. De este modo no fallaremos un *sprint* tras otro en entregar lo prometido.

En mi opinión esta solución puede ser útil en ciertos proyectos pero puede crear otro problema. Me explico: Habitualmente el factor de dedicación es del 75%, si lo bajamos para poder dedicar un 30% del tiempo del equipo a las tareas urgentes deberíamos aplicar un factor de dedicación del 40 o 50%. Sobre este 40% usamos Scrum pero ¿Cómo se está gestionando el resto del tiempo del equipo? ¿Hay alguna gestión o todo ese tiempo queda en el limbo? ¿Qué sabemos sobre esa pila de tareas que estamos resolviendo *sprint* tras *sprint*?

Un equipo separado por cada tipo de tarea

Esta solución consiste en tener un equipo Scrum para las tareas identificadas y planeadas y un equipo Kanban para las incidencias de resolución urgente. Con Kanban podemos añadir las nuevas tareas a la columna *TO-DO* a medida que van llegando y así seguiremos su evolución hasta que llegan a *DONE*. Con esto el equipo será aún más ágil disminuyendo el sobrecoste o *overhead* de reuniones y planificaciones que podemos tener con Scrum.

Aún sigue existiendo un problema con las tareas no planeadas y es que son eso, no planeadas. En ocasiones el equipo Kanban que da soporte podría estar sobredimensionado para las pocas incidencias ocurridas en ese momento pero una semana más tarde el número de incidencias y su importancia podría ser tan alta que toda ayuda es poca.

Para minimizar estos riesgos podemos apoyarnos en las soluciones anteriores: Un *sprint* corto para que el equipo Scrum de desarrollo planifique sus tareas para la próxima iteración y usar también un factor de dedicación un poco más bajo para que el equipo pueda tener un hueco en su planificación para echar una mano si fuese necesario. Del mismo modo, el equipo de soporte puede colaborar con las tareas planificadas para el *sprint* actual cuando su columna *TO-DO* se está quedando vacía. Para aprovechar esto al máximo sería bueno que los miembros de cada equipo se intercambiasen de vez en cuando para que todo el mundo conozca todos los aspectos del trabajo.

Scrum para proyectos a precio cerrado

Una de las preguntas más habituales que nos hacemos cuando estamos pensando adoptar una metodología como Scrum trata sobre cómo enfrentar los contratos a precio cerrado tan habituales en la Administración Pública y en muchos otros sectores económicos. Uno de los principios ágiles dice '*Aceptamos que los requisitos cambien, incluso en etapas tardías del desarrollo. Los procesos ágiles aprovechan el cambio para proporcionar ventaja competitiva al cliente*'. Esto quiere decir que usando Scrum vamos a ser flexibles con las funcionalidades a desarrollar y admitiremos nuevas que no estaban en la lista del contrato inicial. Esto suena muy bien pero ¡el importe final del contrato no va a cambiar!

Trabajo en el área de administración pública de una empresa de desarrollo de software. Eso significa que, al menos en el 90% de los proyectos en los que trabajo, tengo como cliente a un organismo público. Los contratos vienen normalmente determinados por un pliego de cláusulas administrativas y otro de prescripciones técnicas en los que se detallan los servicios contratados, las características del producto a ser desarrollado y el precio máximo que puede tener la oferta. Se especifican incluso las características técnicas del software y hasta el perfil de los participantes en el proyecto. Todo está muy acotado y delimitado. Es el precio que tiene que pagar la administración pública para evitar arbitrariedades.

Si se ha tenido suerte y se ha podido ganar el concurso público nos enfrentamos luego, tanto cliente como proveedor, con la cruda realidad de los proyectos. Y es que las circunstancias cambian, aparece nueva legislación que afecta al proyecto o, lo que se pensó que era correcto unos meses antes, ahora se ha podido comprobar que las necesidades son distintas ¿Qué hacemos? Si adaptamos el producto a todos los cambios que el cliente necesita, nosotros como proveedores, sufriremos ese coste adicional. Si negamos al cliente cualquier posibilidad de cambio, remitiéndonos siempre al contrato y a los pliegos, corremos el riesgo de entregar al cliente un producto ajustado a un decreto del año anterior o que, por cualquier otra causa, ya sabe que no le va a servir a sus necesidades.

La forma de evitar esto, por lo menos la que mejor me ha funcionado hasta ahora, ha venido dada por la propia forma de trabajar en estos proyectos, usando Scrum. Al inicio del proyecto hago una lista con las funcionalidades que hay que desarrollar y le asigno a ellas una puntuación que el cliente conoce desde el principio.

Suelo poner el ejemplo de un tarro lleno de pelotas de ping-pong. Cada una de esas pelotas son las funcionalidades a desarrollar y llenan completamente el tarro. Si el Dueño del Producto quiere incluir dos nuevas funcionalidades le pido que me indique qué otras funcionalidades o pelotas de ping-pong de similar tamaño sacamos del tarro. Normalmente esta solución le sirve para resolver la situación y no tiene problemas en renunciar a otras funcionalidades que ahora sabe que no son importantes. Si todo queda constatado en un acta de reunión y, sobre todo, queda entendido a qué se renuncia y qué se va a obtener a cambio, suele ser una solución cómoda, *win-win*, para ambas partes.

El *sprint* número cero de Scrum y el diseño inicial

A veces estamos en proyectos en los que necesitamos preparar muchas cosas antes de comenzar ¿Podemos empezar a construir sin habernos parado antes a planificar o a analizar lo que vamos a hacer?

Cuando uno lee sobre Scrum, nos suele dar la impresión de que todos los textos comenzaban directamente en el desarrollo pero ¿Qué hay de la preparación de los entornos, de los equipos o de la oficina? ¿Y del diseño? ¿No hay que pararse a pensar en toda la arquitectura de lo que vamos a construir antes de empezar a programar?

Sobre la preparación o el 'antes' de comenzar a programar, hay gente que lo resuelve con el llamado '*sprint número 0*' en el que se preparan las herramientas, se instala lo que se necesita, se forma al equipo, etc. Puede ser un *sprint* más largo (3, 4 semanas o así). Hay algunos detractores a este *sprint* nº 0 por no ser ágil y estar escondiendo ahí un trabajo que no se está resolviendo en la misma forma que el resto del proyecto.

Es cierto que puede ser muy cómodo porque le dices al cliente que en 3 semanas estás de vuelta para tener la reunión de preparación del primer *sprint* y para entonces tú ya tienes casi todo organizado. También he usado esos *sprints* 0 en mis primeros proyectos pero ahora prefiero resolver esos trabajos también de forma ágil.

Intento que cada una de esas tareas (instalar servidor de despliegue, instalar servidor de demo, crear proyecto y tareas en *Trac* o *Redmine*, instalar IDE, etc.) forme parte ya del primer *sprint* y que tengan, en lo posible, un entregable al final de cada demo.

En esa demo podría mostrarse por ejemplo la herramienta de gestión de proyectos ya instalada en la *url* definitiva y con la lista de tareas esperando ser asignadas, o arrancar el IDE en esa reunión de demo comprobando que el *workspace* está bien creado y que el servidor de aplicaciones ejecuta correctamente una aplicación '*Hola Mundo*'.

Otro punto importante es el diseño inicial de la arquitectura. Si hacemos un gran diseño de toda la arquitectura de la aplicación (*big up-front design*) antes de comenzar a programar nada estaremos volviendo hacia un diseño en cascada tradicional: primero lo analizamos todo, tres meses después hacemos todo el diseño durante otro par de meses, y por último comenzamos a programarlo todo del tirón hasta acabarlo seis meses más tarde. Si al acabar todo el trabajo se lo enseñas al cliente y te dice: '*eso no es lo que hablamos hace un año...*' estamos ante un problema.

Mejor haz el diseño de uno de los módulos de la aplicación o de la nueva funcionalidad, crea las especificaciones y pásalas a desarrollar. Mientras una parte del equipo lo implementa, los analistas pueden ir recogiendo los requisitos para otro nuevo módulo u otras funcionalidades, y así *sprint* tras *sprint*.

Habrá *sprints* en los que no haya nuevas cosas que analizar y otros en los que el desarrollo avanza un poco más rápido de las especificaciones pero normalmente siempre hay algún trabajo listo para comenzar hasta que el *product owner* dé su visto bueno a los últimos requisitos o estén ya completamente definidos.

Trabajando así, los nuevos módulos o funcionalidades podrían ir pasando a producción o pre-producción cada cierto tiempo por lo que los usuarios pueden ir usándolos sin esperar hasta que la última de las características de la aplicación esté diseñada.

Cómo escribir un libro ágil

Sí, también puede escribirse un libro de forma ágil. No solo el software se construye de esta manera. Todo esto de Agile es aplicable a muchos campos, no solo a la tecnología. En esta entrada les cuento cómo usé esta filosofía de trabajo para escribir este libro que estás leyendo:

Centrarse en lo importante, quitar lo accesorio

A los libros actuales, sobre todo a los libros técnicos, les pasa algo parecido a lo que le pasó hace unos años a los CDs de música. Tú sólo comprabas el CD porque habías oído aquella canción por la radio pero ¿Cómo iba el CD a tener menos de 20 canciones (y costar menos de 20 euros)?

Había que rellenarlo con algo. ¿Que las últimas canciones no tenían la misma calidad que los dos o tres primeros hits del disco? Bueno, era necesario justificar el precio y rellenarlo un poco. Esto podía hacer que terminases aborreciendo al autor por aquellas dos últimas canciones en un dueto con Tom Jones o con la versión tecno-pop de su primer éxito.

Con los libros nos puede pasar lo mismo. Nos sentimos mejor si nuestro libro tiene 500 páginas y estamos dos años escribiéndolo pero ¿Qué coste tiene eso para ti que lo escribes? ¿Y para el que lo compra? Probablemente a él sólo le interesaban los capítulos sobre estimaciones ágiles o sobre las ventajas de Scrum.

Algo así me pasó a mí cuando comencé a escribirlo. Tenía muy pocas páginas y tuve la tentación de meter otros capítulos de relleno. En realidad no eran igual de interesantes que los demás o no estaban tan dirigidos hacia el tema principal del libro. Terminé quitándolos. La primera versión del libro sólo tenía unas 67 páginas pero preferí eso a que el lector se quedase con la sensación de un libro demasiado largo o aburrido.

Real artists ship!

Esta frase atribuida a Steve Jobs (*Real artists ship!*) alude a que los artistas de verdad no están dándole vueltas a su obra hasta conseguir el cuadro o la escultura perfecta. Lo entregan, lo sacan a la venta y miran qué es lo que interesa de verdad al mercado.

¿Has escrito un tutorial sobre la instalación de *Pentaho*? ¿Un manual de configuración de *Wordpress*? ¿Qué hacen en el cajón? Búscate una portada (hay cientos de webs por ahí para eso), dale formato, escribe una descripción atractiva y ponlo a la venta en KDP de Amazon, en iTunes o dónde quieras.

¿Sólo tiene 30 páginas? Bueno, ponlo a la venta por uno o dos dólares. Con que vendas unos cuántos ya te habrán pagado las 20 horas que te costó prepararlo. Además, habrás aprendido un montón de cosas sobre marketing digital, ventas, royalties, etc. y qué temas venden libros y cuáles no.

La perfección es una asíntota vertical

Por más que intentes escribir el libro perfecto, con la portada perfecta, con el precio exacto para el máximo de ventas y sin erratas... no podrás hacerlo. La perfección es una asíntota vertical (lo siento, de-formación profesional o más bien académica: Cálculo I en la universidad).

Cuanto mejor intentes hacerlo, mayor coste tendrá para ti. Cuando ya le hayas dedicado un número enorme de horas, dedicarle otro montón igual no te va a poner mucho más cerca de conseguir un *bestseller*.

Cuando saqué el libro a la venta, me di cuenta por las primeras opiniones de libro que los usuarios creían que sería un manual de Scrum. Tuve que aprender de eso y cambiar la descripción para dejarlo más claro. Pequeños cambios en la descripción tenían un impacto alto en las ventas.

Del mismo modo, cuando puse la segunda portada que utilicé para el libro aumenté las ventas alrededor de un 30%. Lamentablemente bajé un porcentaje aún mayor cuando la cambié para poner la tercera. Era una portada más cara y que a mí me parecía más bonita pero al parecer no era del gusto de los usuarios de Amazon.

Son los posibles compradores los que te dirán si el contenido, la portada o la temática les interesa o no. Puedes pensarlo y repensarlo pero hasta que el libro no esté en las estanterías virtuales no sabrás lo que funciona y lo que no. Evita la parálisis del perfeccionismo y no le des muchas vueltas. Pon tu libro a la venta y que ellos decidan (recuerda, *real artists ship!*).

ESTIMACIONES CON SCRUM

"Un proyecto sólo puede ser estimado con precisión una vez ha finalizado"

Visto en Twitter

Estimaciones con Scrum

Una de las cosas que más quebraderos de cabeza suele darnos cuando hemos decidido adoptar Scrum (y cuando no, también) es cómo hacer estimaciones y cómo nos van a ayudar a saber qué tal vamos o cuándo vamos a finalizar el proyecto. En Scrum suele estimarse dos veces (sí, dos veces) pero no en la forma tradicional con una única y sesuda estimación en horas o días de trabajo al principio del proyecto.

Esta forma de estimar suele traer algo de polémica pero intentaré explicarlo de la mejor manera posible: Haremos una primera estimación grosso modo en puntos y no en horas en la que partiendo de la lista inicial de funcionalidades a desarrollar estimaremos el esfuerzo o dificultad que supondrá realizar cada uno de los requisitos del proyecto. Este esfuerzo lo mediremos o, mejor dicho, lo calibraremos en puntos siguiendo, por ejemplo, la serie de Fibonacci (1, 2, 3, 5, 8, 13,...) o incluso usando las medidas usadas en las tallas de camiseta (S, M, L, XL, XXL,...).

Si atendemos al concepto de Cono de Incertidumbre, hagamos la estimación que hagamos, le dediquemos el tiempo y metodología que queramos, nuestra estimación será inevitablemente errónea. Si acertamos, será, probablemente, solo una coincidencia (a menos que conozcamos todos y cada uno de los detalles del proyecto). Rodrigo Corral lo explica muy bien en la entrada de su blog *'Gestión de proyectos guiada por la intuición, o por qué gestionar proyectos es tan difícil'* (el resto del post no tiene desperdicio tampoco). Entonces ¿Por qué dedicar tanto esfuerzo? Asignemos 1 o 2 puntos a las funcionalidades sencillas, 3 o 5 a las de dificultad media y 8 o 13 a las de dificultad alta o muy alta (¿necesitas más puntos? quizás deberías descomponer esta funcionalidad en otras más pequeñas).

Esto traerá un considerable ahorro de esfuerzo al estimar y, por qué no, también quitamos estrés al equipo, que tendrá miedo a equivocarse con las estimaciones que haga. Con la estimación a alto nivel mediante puntos evitamos algunos de los inconvenientes de las estimaciones en horas: Si indicamos que en una tarea vamos a tardar 40 horas, la regla de que el trabajo se expandirá hasta tomar todo el tiempo disponible se aplicará a esto también. Por otro lado se evitará un fallo común en los que comienzan con Scrum (sí, yo también lo cometí) y que consiste en pensar que '*Si se ha trabajado 40 horas en esta tarea, el burndown chart deberá bajar en 40 horas*'. Esto daría una falsa sensación de avance en el proyecto si la tarea no está completamente terminada y aprobada por el cliente y en realidad quedan aún otras 20 horas para finalizar correctamente ese trabajo.

La segunda estimación la haremos cuando planifiquemos las tareas del *sprint*. En esta planificación tendremos un mayor conocimiento del proyecto y de lo que implica cada tarea. Podríamos hacer entonces una planificación en horas aunque hay equipos que aún en ese momento usan una estimación en puntos o deciden no estimar en absoluto.

Estas estimaciones nos permitirán conocer el ROI (retorno de inversión) de cada funcionalidad para que el cliente pueda decidir qué tareas quiere realizar en el siguiente *sprint*. Si el Dueño del Producto sabe que llevará 2 semanas de trabajo hacer la funcionalidad A, que el mismo ha calificado con un valor o importancia de 100, puede que en su lugar decida acometer las funcionalidades B, C y D valoradas en 50 puntos cada una y que pueden acometerse en esas mismas 2 semanas obteniendo, más rápido, más valor, 150 puntos, para el producto final.

Más sobre estimaciones

Cuando se habla de estimaciones usando técnicas ágiles hay algunas cosas que son difíciles de aceptar para aquellos que ya llevamos unos años planificando y calculando tiempos y fechas.

Podemos encontrar muchas técnicas de planificación ágil: *Planning poker*, tallas de ropa para la clasificación de tareas (S, M, L, XL, etc.) o el *Team Estimation Game* pero, admitámoslo, son difíciles de integrar en un entorno de desarrollo tradicional y menos aún por los clientes de nuestros productos (por lo menos con los que he podido trabajar).

No estamos acostumbrados a ver a un equipo *'jugando a las cartas'* para una sesión de *Planning poker (*yo por lo menos no lo estoy). Sí estoy, en cambio, de acuerdo con la filosofía que hay detrás de estas técnicas y creo que el hecho de que se estén haciendo cada vez más populares se debe, en parte, al intento de desterrar ciertas creencias sobre las estimaciones. Intentemos desterrar algunos mitos:

Estimamos mal

¿Podemos hacerlo bien? Estimar es hacer una predicción sobre lo que vamos a tardar en hacer una tarea o de los materiales que necesitaremos para hacer un trabajo. Cuando hacemos una estimación con una incertidumbre alta, como cuando lo hacemos en base a unos pliegos de contratación, más que una predicción es una apuesta.

Es obvio que necesitamos estimar. Debemos intentar predecir lo que pasará para poder tomar decisiones, pero a menos que hayamos hecho esa misma tarea muchas veces antes y que lo hayamos hecho con el mismo equipo y bajo las mismas circunstancias, tenemos que saber que hay altas probabilidades de equivocarnos.

Cuanto más esfuerzo le dediquemos a la estimación más nos aproximaremos a la realidad

Estimar tiene un coste y es un coste alto. Cuando no conocemos el detalle de cada uno de los puntos del trabajo a realizar ¿tiene sentido que nos dediquemos horas y horas a dilucidar sobre tareas que no conocemos bien? Hagan un ejercicio por mí. Cuando terminen su próximo proyecto revisen el tiempo registrado en cada tarea. Verán que en lo que estimaron 20 tardaron 100 y en lo que estimaron 100, con suerte, tardaron 20. Verán también que en otras tareas nadie imputó horas. Simplemente no fueron necesarias. En cambio sí hay muchas horas registradas en tareas que se añadieron con posterioridad y que nadie contempló en la estimación inicial.

Con ésta o aquella técnica estimaremos mejor

Técnicas de estimación hay muchas pero pocas serán tan útiles como la simple comparación del tiempo tardado en hacer proyectos similares, la descomposición del trabajo en tareas más pequeñas o el juicio de expertos (si contamos con varios mejor).

El hecho de utilizar complejas técnicas de estimación puede darnos una falsa sensación de seguridad sobre nuestra estimación y no haber aportado una fiabilidad mucho mayor. En cambio sí puede habernos hecho incurrir en un coste muy alto (ver punto anterior) e invertir un tiempo que podíamos haber utilizado mejor en otras cosas (como reducir la incertidumbre).

Cómo hacer que las estimaciones digan lo que quieras (no te engañes)

He aquí una pequeña historia sobre cómo nos engañamos nosotros mismos cuando nos piden un presupuesto para un trabajo y por la que seguramente habrás pasado alguna vez:

Tu cliente te ha pedido una estimación. Tiene una idea en la cabeza y quiere saber cuánto le costará y en cuanto tiempo lo tendrá. Él ha hecho sus propios cálculos y te comenta brevemente las cifras que tiene en la cabeza.

Llegas a la oficina y te reúnes con los técnicos expertos en este tipo de proyectos. Después de darle unas cuantas vueltas llegas a un acuerdo con ellos sobre el tiempo y la dificultad en realizar este tipo de trabajo. Has tenido que convencerlos un poco para que no sean tan precavidos, después de todo no parece un proyecto difícil.

Aún así la cifra obtenida es muy superior a lo que el cliente había previsto. Además, si esa previsión fuese cierta no podrían cumplirse las fechas en las que se necesita el proyecto terminado. Necesitarás reducir esta estimación en al menos un 50%. Aquí tienes cómo hacerlo en 5 fáciles pasos:

Ya lo has hecho antes. Ahora vas a tardar menos. Has hecho proyectos parecidos en otras ocasiones, seguro que se ha aprendido de los errores cometidos y los problemas que surgieron en otras ocasiones no tienen por qué pasar ahora (10% menos) ¿seguro que no ocurrirán otros problemas nuevos?

El cliente ha dicho que quiere algo sencillo. No será tan difícil de hacer. Podremos hacer algo básico eliminando complejidades (10% menos). El cliente conoce bien su negocio y le parece fácil pero ¿y tú? ¿tienes todo el conocimiento del negocio del cliente?

Vigilaremos mucho los costes. En otras ocasiones el proyecto no se ha supervisado correctamente pero esta vez estarás especialmente atento a cada hora empleada y no dejarás que se te vaya de las manos (10% menos).

Pondremos a los mejores técnicos. Es un proyecto relevante para un cliente importante. Habrá que asignar a los mejores técnicos para el trabajo (10% menos, aunque aún no sabes si estarán disponibles en las fechas que los necesitas).

Se hará un esfuerzo extra. Si fuese necesario y comprobásemos que no podemos cumplir con el tiempo previsto se pedirá a todos los implicados que hagan un esfuerzo adicional durante unas semanas. Si fuese necesario añadiremos incluso algún técnico adicional a mitad del proyecto para así acabar en plazos. (10% menos). Recuerda la Ley de Brooks: '*Añadir personal a un proyecto retrasado sólo hará que se retrase aún más*'.

Ya lo tenemos. Con solo un poco de trabajo hemos conseguido reducir la estimación inicial en un 50%. En realidad, para hacer que la estimación encaje en un presupuesto, nos hemos auto-convencido de que podemos hacer el trabajo en la mitad de tiempo. Lamentablemente las estadísticas muestran que los proyectos software tardan, en promedio, un 120% más del tiempo previsto inicialmente y que el costo final resulta ser un 100% más elevado que el que se calculó en la primera estimación.

La trampa del ancla

Al tomar una decisión, como la que hacemos al dar una estimación, le damos un peso desproporcionado a la primera información que recibimos. El comentario de un cliente o algo que hemos oído sobre otro proyecto similar puede hacernos anclar nuestra propuesta a ese dato inicial aunque otra información más objetiva nos habría llevado a otra cifra.

George Siedel, profesor de la Universidad de Michigan, suele hacer una prueba para mostrar a sus alumnos el efecto del anclaje en sus predicciones. Le pide a cada uno que hagan lo siguiente:

- Anote en un papel las últimas tres cifras de su número de teléfono. Súmele 400 a esa cifra y anótelo en el mismo papel.

- Luego les pregunta: Atila el Huno fue uno de los conquistadores más terribles de nuestra era hasta que fue derrotado por los romanos ¿Fue derrotado antes o después de la fecha que anotó en el papel? Escriba en el papel la palabra 'Antes' o 'Después'.

- Escriba ahora el año en el que cree que Atila el Huno fue derrotado.

Curiosamente a aquellos cuyo número de teléfono más 400 estaba entre 400 y 599 predecían de media que Atila fue derrotado sobre el año 580 pero para aquellos cuyo número estaba entre 1200 y 1399 se inclinaban de media por la cifra de 1340. Habían relacionado ambas cosas pero ¿Qué tiene que ver el año en que Atila fue derrotado con nuestro número de teléfono? Nada, pero todos tendemos de forma natural a caer influenciados por esas primeras informaciones que recibimos.

Esto es lo que nos pasa cuando nuestro cliente nos pide un presupuesto pero nos dice que sólo cuenta con 20,000 euros. Hacemos nuestros cálculos sobre el coste del proyecto influenciados por esta cifra como cuando lo hacemos por el número de teléfono del ejemplo anterior. Si las cifras reales al finalizar el proyecto muestran un número muy superior ¿Ejecutamos mal el proyecto o estimamos mal debido al ancla de los 20,000 euros?

No confíe demasiado en su experiencia en proyectos del mismo tipo. Los expertos también fallan en sus estimaciones. Dos investigadores preguntaron a cirujanos especializados en enfermedades del pulmón por las posibilidades de que cierto paciente desarrollase una enfermedad pulmonar. A un primer grupo les preguntaron si la posibilidad era mayor o menor de un porcentaje aleatorio sacado de una tarjeta, digamos que la tarjeta ponía el 20%, y que escribieran luego su propia estimación. A un segundo grupo les hicieron la misma pregunta pero sobre una tarjeta aleatoria distinta, pongamos un 50%.

Ya puede imaginarse los resultados. Los cálculos de la mayoría de miembros del primer grupo rondaban el número mostrado en la primera tarjeta y en el segundo grupo las predicciones se acercaban al 50% de la segunda. El número aleatorio que se les mostró influyó mucho más en su predicción que todo su conocimiento previo en el área.

Tenga cuidado con toda información que pueda anclar sus estimaciones. Le podría salir muy caro.

El exceso de confianza

Quién no se ha equivocado alguna vez estimando el coste de sus proyectos. Dividimos cuidadosamente el trabajo a hacer en una lista detallada de pequeñas tareas, consultamos a los compañeros que más experiencia tienen en las tareas más complejas, tenemos en cuenta los tiempos para preparar el entorno y un montón de cosas más pero aún así nos equivocamos y, con frecuencia, nos equivocamos por mucho. ¿Qué sucede? ¿No sabemos estimar? No podemos perder dinero en cada proyecto pero tampoco podemos aumentar las cifras 'por si acaso' porque lo que comenzaremos a perder son clientes.

Las razones por las que nos equivocamos una y otras vez cuando estimamos son muchas pero el exceso de confianza es quizás una de las más importantes.

El ser humano es optimista por naturaleza. Confía en exceso en sus propias posibilidades y olvida que los pequeños desastres del día a día le suceden a uno también no sólo a los demás. Cuando calculamos mentalmente lo que tardaremos en hacer una determinada tarea sólo tenemos en cuenta los pocos minutos que nos llevará teclear el código pero con frecuencia olvidamos el tiempo para testear, para desplegar, para documentar y comentar el código, para solucionar ese *bug* en el navegador, para escribir el manual de usuario y un sin fin de cosas más.

Tengo malas noticias. Usted también es demasiado optimista ¿no lo cree? Haga esta prueba conmigo: Si le pido que me indique el año en el que nació Mozart probablemente no podrá darme un valor exacto pero si le facilito un poco las cosas y le pido que me indique un rango de años en el que con un 90% de probabilidad usted cree que Mozart nació posiblemente sí se atreva a darme una respuesta.

Si ampliásemos un poco esta prueba y añadiésemos otras 9 preguntas como ésta en la que usted puede dar una respuesta con un 90% de fiabilidad con preguntas como cuál es la longitud del río Nilo o cuál es el diámetro de la Luna ¿cuál cree que sería el resultado?

Si sus estimaciones fueron correctas debería haber acertado 9 de las 10 preguntas pero probablemente no sería así. La mayoría de la gente acierta un máximo de dos o tres preguntas. No se preocupe, tendemos a ser demasiado optimistas y elegimos un rango demasiado pequeño para acertar (deberíamos haber elegido un rango de probabilidad de acertar de un máximo del 30%). Nos pasa a todos, de hecho, las personas que no tienen este sesgo optimista se consideran clínicamente deprimidas.

Por si tiene curiosidad, Mozart nació en 1756, el río Nilo tienen una longitud de 6,738 kilómetros y el diámetro de la Luna es de 3,476 kilómetros ¿Estuviste cerca de acertar? Este exceso de confianza en nuestras estimaciones o predicciones se estudia habitualmente en las negociaciones y los procesos de venta de todo tipo, desde propiedades inmobiliarias a *start-ups*. George Siedel, de la Universidad de Michigan lo explica en su curso de *Coursera*. Échale un vistazo, lo recomiendo mucho. Casi todo en la vida es una negociación y la gestión de proyectos también.

EL ROL DEL PRODUCT OWNER

¿Estás seguro de que necesitas un asistente como Clippy en tu aplicación?

Hay muchas formas de denominar a la persona que cumple las funciones de Director del Proyecto en la organización que nos contrata. Aquel que tiene la visión del producto que necesita su compañía y que la representa ante el equipo de trabajo. Si pertenece a la organización externa que nos ha encargado el trabajo, el nombre que mejor se le ajusta es el de Dueño del Producto, como hace Scrum, porque es eso literalmente, el 'Dueño' de lo que se ha contratado. Si en cambio es una persona de nuestra propia organización la que va a representar al 'negocio' en el proyecto suele denominársele Product Manager o incluso Business Analyst según la empresa que le haya dado el cargo. Personalmente, quizás por el tipo de proyecto que habitualmente gestiono, me siento más cómodo llamándolo simplemente Director del Proyecto en el Cliente.

Lo llamemos como lo llamemos, cumple una función muy importante para el éxito de un proyecto. Es el encargado de decidir qué funcionalidades tendrá el producto que se está construyendo, cuáles son importantes y cuáles son prescindibles. Es posible que sea un usuario final del producto por lo que tendrá muy claro qué se necesita para obtener una herramienta útil en su trabajo diario, pero no debe ser útil solo para si mismo o su departamento, sino que deberá tener en cuenta los requisitos de toda su empresa.

Cuando comenzamos un nuevo proyecto, el Director del Proyecto en el cliente y todos los usuarios interesados en el producto final tienen un montón de ideas y tienen grandes expectativas para el nuevo sistema. Lamentablemente, ningún proyecto, por grande que sea, puede contemplar todas y cada una de las sugerencias de sus usuarios. Algunas ideas serían irrelevantes para la mayoría, otras funcionalidades serán demasiado costosas de implementar o llevaría tanto tiempo desarrollarlas que retrasarían la puesta en marcha del producto. Es aquí donde el Director del Proyecto en el Cliente, que conoce bien el mercado y tiene una clara visión del producto, tendrá que priorizar las características más importantes y descartar aquellas que aportan menos valor al resultado final.

Para explicar hasta dónde llegan sus responsabilidades imaginemos que nuestra empresa decide contratar el desarrollo de un nuevo sistema de reserva de billetes de avión. En esta empresa han nombrado a Elena como Dueña del Producto o Directora del Proyecto y tendrá que trasladar a la empresa contratada todos los requisitos y necesidades que el nuevo sistema deberá cubrir.

Elena tiene una visión muy clara de lo que quiere y está muy ilusionada con el proyecto. También los están los responsables de IT, marketing y ventas que han elaborado una exhaustiva lista de funcionalidades a incluir en el nuevo producto. Incluso en conversaciones informales, los que serán nuevos usuarios del sistema, le trasladan a diario peticiones de nuevas funcionalidades. Elena no quiere que se le escape nada importante y anota cuidadosamente todos estos requisitos en un cuaderno.

Al segundo mes de comenzado el proyecto Elena se da cuenta que el Equipo de Trabajo en la empresa desarrolladora está entregando de 4 a 6 nuevas funcionalidades a la semana y que esta parece su capacidad máxima de trabajo. Está contenta con el trabajo que están haciendo pero tiene un problema: en su libreta anota una media de 10 nuevos requisitos a la semana. La lista está creciendo y pronto necesitará un nuevo cuaderno.

Primero solicitó al Equipo de Trabajo que hiciera un esfuerzo para entregar estas diez funcionalidades cada semana. Lamentablemente, no muchas más funcionalidades eran entregadas y, lo que es peor, se comenzaba a percibir que la calidad de las mismas había bajado. En ocasiones incluso había que parar todo para corregir defectos en entregas previas. Si seguían así, la desmoralización y el estrés iban a dominar el proyecto.

Elena iba a decidir a partir de ahora qué se hacía y qué no. Todas las funcionalidades no iban a poder ser desarrolladas, por lo menos no ahora. Algunas tendrían que esperar a una futura versión. Desde luego, la funcionalidad similar al *Clippy* de Windows para asistir en la compra de los billete de avión era un claro 'No'.

Pero ¿cuáles desarrollar primero? ¿Qué criterio seguir? Elena se dio cuenta de que no había relación directa entre el coste de las funcionalidades y su valor para el producto final. Algunas funcionalidades eran fáciles de construir pero otras, en cambio, llevaban mucho tiempo de desarrollo pero no por ello eran las que más valor aportaban. Si preguntaba directamente al Equipo de Trabajo en cuantos días podría estar hecha cada una de las funcionalidades sabría su coste aproximado y si preguntaba a los usuarios por una valoración del 1 al 5 para cada funcionalidad sabría calcular el valor para su empresa.

Si había dos funcionalidades que tienen el mismo coste aproximado pero una tiene valor 1 y la segunda valor 3 estaba claro que se construiría la segunda funcionalidad. Si en cambio, había dos funcionalidades de aproximadamente el mismo valor para la empresa pero tardaríamos 5 días en desarrollar una de ellas cuando la segunda podría estar desarrollada en una horas, también estaba claro en cuál se trabajaría primero.

Elena sabía que el coste y el valor de cada funcionalidad no eran números absolutos sino sólo una aproximación. No sabemos cuánto pesa una manzana pero sí sabemos que es aproximadamente 5 veces más grande que una fresa y que la fresa gusta más (para los que van a pagar por ella al menos) por lo que la fresa se construiría primero. Es un modo fácil de decidir qué aporta más valor y más rápido a nuestro proyecto.

La comunicación es una parte importante de las responsabilidades de Elena. Deberá estar en contacto directo con el Equipo de Trabajo pero también con las personas de su empresa que tienen algo que decir sobre el producto que se va a construir. Debe ser hábil para saber decir 'no' cuando sea necesario. Debe ser práctica también para tomar esta decisión de forma rápida y directa y, además, conocer muy bien su negocio para asegurarse de que se construye lo que realmente aportará valor a su empresa. Todo un papel para Elena ¿no creen?

KEEP IT SIMPLE STUPID

'Hecho' es mejor que 'perfecto'

Scott Allen

Keep it Simple Stupid

Hace algún tiempo, después una conversación con un colega de profesión sobre el mundo IT actual, algo me recordó una viñeta de Andrés Diplotti que vi por primera vez en Google+. En ella se veía a un cliente revisando la aplicación entregada por el programador mientras decía *'Todo muy bien, pero no veo ningún botón Cancelar'* a lo que el programador contesta *'Yo no programo para cobardes que cancelan en el último momento'*.

Como programador que he sido durante mucho tiempo, y que en parte sigo siendo, reconozco haber tenido este tipo de soberbia (sin llegar a estos extremos). Supongo que un pecado de juventud que se ha ido mitigando con la edad y que algunos ya teníamos desde la universidad.

Por aquella época recuerdo haber descubierto los patrones de diseño software con el libro de *The Gang of Four*. Nuestras aplicaciones comenzaron a llenarse de patrones de diseño, cuantos más usabas mejor, en una especie de competición ganada por aquél que usaba el patrón más complejo y difícil de entender. Supongo que esto me ayuda a entender los posts y artículos que veo ahora sobre refactorizar para eliminar patrones de diseño y los costes que esto tiene en algunos proyectos.

Con los años he aprendido en carne propia el principio KISS (*Keep it Simple, Stupid*) no solo con los patrones, sino también con la personalización de los componentes gráficos que aparecen en pantalla o con los *'requisitos fantasma'*, denominación que oí en una ocasión a un compañero de trabajo para referirse a esas funcionalidades que nadie te ha pedido pero uno cree importantes para el cliente y que *'seguramente'* él terminará necesitando. Es el llamado mal de la *Featuritis*, llamada así a la enfermedad que nos lleva a pensar que cuantas más funciones o características (*features*) tenga nuestra aplicación más la van a valorar.

Hace mucho tiempo, un director de proyecto en un cliente me comentó que alguien en otro equipo de trabajo le había indicado que era imposible conseguir la funcionalidad que él pedía. Le contesté que prácticamente todo podía conseguirse invirtiendo el tiempo necesario. No fui lo suficientemente claro. Debí haber añadido: ¿Es razonable usar todo ese tiempo en esa funcionalidad? Con casi cualquier lenguaje de programación uno puede enviar un cohete a la Luna pero ¿De verdad se quiere ir a la Luna o se quiere una aplicación terminada en el tiempo previsto?

Regla del 80/20

¿Cómo podemos evitar la *Featuritis* y concentrarnos sólo en las tareas que nos harán más eficientes? Hace muchos años, aproximadamente un siglo, un tal *Pareto* comprobó de forma casual que sólo el 20% de las vainas que tenía plantadas en el campo producían el 80% de los guisantes de su cosecha y que el 80% restante producían tan solo el 20% restante de los guisantes. Intrigado por esta relación comprobó también que podía aplicar esta regla a otros campos descubriendo, por ejemplo, que en su época el 20% de la población disponía del 80% de la riqueza y que tan solo quedaba un 20% de la riqueza total para el 80% más pobre de la población.

Este principio, basado en el conocimiento empírico, es usado desde entonces para mejorar la eficiencia y la productividad en la economía, en la distribución comercial, en el marketing, en las ingenierías y, cómo no, también en el desarrollo de software.

Cuando comenzamos a desarrollar nuestro producto basándonos en una lista enorme de requisitos y funcionalidades a desarrollar, sabemos que sólo el 20% de esas funcionalidades serán usadas el 80% del tiempo y que una cantidad enorme de las funcionalidades restantes sólo serían usadas en un 20% de las ocasiones.

Aplicando también este principio al tiempo de desarrollo podemos deducir que si tardásemos alrededor de 10 meses en la construcción de un producto, en tan solo 2 de esos meses conseguiríamos desarrollar el 80% de las funcionalidades y que, por tanto, nos llevaría unos 8 meses resolver el 20% de las funcionalidades más complejas y difíciles. Esto nos lleva a preguntarnos ¿Serán usadas esas funcionalidades? ¿Son realmente imprescindibles?

Si lográsemos identificar las funcionalidades más importantes y las mantuviésemos lo más simples que nos fuera posible ¿no lograríamos quitarnos de encima 8 meses de trabajo y entregar un producto muy efectivo en tan solo 2 meses?

Ya sabemos que el 20% por ciento de nuestro esfuerzo producirá el 80% de los resultados. Sería bueno sentarnos por un momento para pensar a qué le vamos a dedicar nuestro tiempo. Merecerá la pena, seguro.

Teoría de las ventanas rotas

A finales de los años 60, un profesor universitario realizó un experimento psicológico. Dejó dos coches idénticos en dos barrios distintos: uno en un barrio conflictivo y pobre como el Bronx de Nueva York y otro en una zona rica y tranquila de California.

En poco tiempo el coche abandonado en el Bronx comenzó a ser desvalijado y perdió radio, llantas, espejo y todo lo que podía ser de valor. En cambio el coche abandonado en California permanecía tal y como lo dejaron.

El estudio no finalizaba ahí. Cuando el coche del barrio rico llevaba una semana intacto los investigadores le rompieron una ventana. Esto desencadenó en poco tiempo el mismo efecto que en el Bronx. El robo y el vandalismo dejaron pronto el coche en el mismo estado en ambos barrios.

Un coche con los cristales rotos transmite una idea de deterioro y despreocupación que contagia la idea de que vale todo. Cada nuevo acto de vandalismo rearfirmaba y multiplicaba la idea de que nadie cuida ese coche y de que a nadie le importa.

Una idea similar se explica en la formación a profesionales sanitarios. Si un paciente o un anciano se mancha o ensucia debe ser limpiado inmediatamente aunque se trate de sólo una pequeña mancha. Si permanece en ese estado, el propio paciente tendrá menos cuidado y precaución en no mancharse. Le da igual, ya está sucio. Comenzaría así a empeorar su higiene, su autoestima y su estado de salud general.

Los resultados de este estudio psicológico son aplicables a muchas situaciones de la vida cotidiana, desde el cuidado de nuestra casa al mantenimiento de nuestro coche pero también es aplicable a nuestro trabajo: Ya seas programador o jefe de proyecto, si permites subir a producción esa nueva versión sin las suficientes pruebas o si dejas tal y como está esa 'deuda' técnica en el código porque ahora hay 'prisa' se estará transmitiendo a todo el equipo de trabajo una sensación de que todo vale, de que 'así es suficiente' y de que la calidad podemos pasarla por alto. Antes o después el teléfono comenzará sonar con quejas de los usuarios y pronto veremos en el gestor de incidencias una enorme hilera de bugs reportados.

Esta teoría, aplicada al software, ayuda a explicar el término *entropía*, que se define en Física como el nivel de *desorden* de un sistema. Si ves código mal identado o comentado, mala elección en el nombre de las variables o un mal diseño, arréglalo cuanto antes o programa su corrección para un futuro cercano. Realiza alguna acción para poner límite al desorden o éste se expandirá creándose la sensación de que cualquier parche o solución rápida es válida.

Del mismo modo que un código o un diseño poco cuidado hará que tu sistema se deteriore rápidamente, un software impecablemente escrito y diseñado hará que los nuevos programadores en el proyecto no quieran estropear algo tan bien construido, y se esfuercen en implementar el mejor código que sepa hacer. Ya lo sabes, haz tu vida y la de tu proyecto más fácil, arreglando las ventanas rotas en cuanto aparecen.

Demasiado pequeño para fallar

Existe un término, Kaizen, muy conocido en las empresas o la organización industrial, o mejora continua, que es cada vez más aplicado en todos los sectores de la economía pero también en la vida social o en la medicina.

Esta filosofía proviene de los cambios que Japón aplicó a los problemas de productividad y calidad que tenía su industria al final de la Segunda Guerra Mundial. Expertos como Deming (sí, el mismo de ITIL y el ciclo de Deming) acudieron a Japón a formar a cientos de profesionales e ingenieros en los sistemas de calidad y mejora.

Estados Unidos ya aplicaba estos sistemas pero Japón los evolucionó y mejoró hasta devolverlos, años más tarde, a los propios americanos como nuevas filosofías en la forma de trabajo.

El principio en el que se basa Kaizen es en el de hacer pequeñas mejoras continuas, analizar los resultados de este cambio y actuar de nuevo para introducir luego un nuevo cambio que permita mejorar, de nuevo, la productividad o la calidad de lo que estamos haciendo.

Hacer pequeños cambios y poco a poco es más efectivo que realizarlos todos a la vez de una sola tacada. Se evita así el natural miedo al cambio y la procastinación a la hora de empezar a acometerlo. Estos pequeños cambios, realizados de forma continua, terminan convirtiéndose en un hábito generando resultados permanentes.

Se trata de hacer el cambio tan fácil que sea difícil fallar en su implementación. Una vez se haya cogido el hábito de este cambio, se tratará de añadir un nuevo cambio o ampliar la meta del actual para que mejoremos de forma continua.

Es importante también aplicar los cambios de uno en uno, evitando la complejidad de saber qué aplicar y cuando. Así podremos analizar el resultado de cada una de estas mejoras. Si aplicamos varias a la vez, no sabremos cuál ha funcionado y cuál no o si el efecto de una anuló la otra.

En tu proyecto puedes decidirte a implantar de golpe todas las prácticas de Scrum, TDD, pruebas unitarias, integración continua y un largo etc. pero probablemente lo único que consigas es volver loco al equipo de trabajo. Sí, todas esas prácticas son buenas para tu proyecto pero ¿Estás cumpliendo las más básicas? ¿Tienes un buen control de versiones? ¿Estás entregando software cada dos semanas? Es mejor empezar por las más sencillas o las que crees que traerán un impacto mayor. Luego puedes ir añadiendo las otras.

Lejos del software, empresas como la española SPB, la productora de marcas como Bosque Verde, aplican Kaizen y Lean en su producción. Su director industrial afirma:

"S.P.B. ha logrado mejorar un 15% su productividad sin invertir en maquinaria ni reducir plantilla. Los sistemas aplicados han permitido a la sociedad reducir entre el 15% y el 25% las diferentes partidas de gastos, mejorar en un 45% la gestión de las materias primas y reducir el periodo de producto en stock once días"

SPB tenía previsto realizar grandes inversiones y abrir nuevas fábricas en el norte de España pero las ha paralizado para centrarse en su plan de mejora de la productividad.

También en la salud o la vida personal podemos aplicar estos cambios. Si siempre hemos querido escribir un libro o un blog podemos proponernos escribir 1,000 palabras al día pero lo más probable es que lo dejemos poco después. En cambio si nos proponemos escribir sólo 50 el cambio será tan fácil que nos será difícil fallar. Una vez hayamos cogido el hábito de sentarnos 15 minutos al día a escribir podemos incrementar el reto y ampliarlo poco a poco.

En cuanto a mí, también he aplicado técnicas como éstas aunque casi sin darme cuenta. Cuando publiqué mi libro apenas se vendía. Estuvo durante semanas y semanas con las cuatro tristes ventas de F&F (Family & Friends) pero no lo dejé ahí aparcado y opté por cambiarlo de categoría dentro de Amazon. Luego le cambié la portada, amplié el libro con algunos capítulos más y estuve mejorando la descripción hasta dar con la que parecía óptima.

Alguno de estos pequeños cambios hicieron que las ventas aumentaran hasta en un 50% de una semana a otra. Si lo hubiese dejado ahí, el libro nunca habría alcanzado posiciones relevantes en sus categorías y habría pensado que su contenido no era interesante o que no podía venderse bien sin una editorial profesional detrás.

HISTORIAS PARA ILUSTRAR AGILE

"¿Quién quiere trabajar hasta tarde de nuevo? ¡Qué levante la mano!"

La pequeña *startup*

Javier había perdido su empleo en una empresa de desarrollo de software y después de un tiempo dándole vueltas consiguió convencer a David y Alberto para que se unieran a él en un proyecto del que llevaban hablando desde la universidad: su propia empresa de desarrollo de software.

Tuvieron suerte y su primer cliente no tardó en llegar. Era una distribuidora de productos lácteos nacional que había decidido darles una oportunidad. Su director de TI en la provincia les conocía de trabajos anteriores, tenía buenas referencias de ellos y le pareció una buena idea ampliar su base de proveedores añadiendo una joven empresa local. Les daría un proyecto pequeño, no vital para la distribuidora. Si funcionaban bien, ya llegarían más proyectos.

A Javier, David y Alberto no les parecía un proyecto pequeño en absoluto. No tenían experiencia gestionando solos proyectos de ese tamaño y tenían miedo de que se les atragantase un proyecto tan grande. Habían ofertado un precio muy bajo para construir esta herramienta de control de stock por lo que tenían que ser muy competitivos para poder ganar dinero con ese importe.

Además había otro riesgo, la consultora internacional que normalmente desarrollaba software para este cliente sería un rival duro a batir y si el proyecto no salía bien o se demoraba, la herramienta de control de stock terminaría siendo integrada como un módulo más del ERP que la consultora ya tenía implantado en el cliente.

Javier y sus compañeros decidieron seguir una metodología ágil como Scrum para intentar conseguir la eficiencia que les permitiese salir airosos de su primer proyecto. Sabían que si pasaban mucho tiempo analizando todas las funcionalidades posibles y luego se dedicaban a implementarlas durante meses y meses podrían cancelarles el proyecto al no ver pronto resultados. Su principal objetivo era poner en producción cuanto antes un producto que fuese útil al cliente aunque aún no tuviese todas las funcionalidades solicitadas.

Con esta idea en la cabeza se pusieron a desarrollar enseñando cada dos semanas al director de TI lo que habían estado haciendo en ese periodo y a los responsables del almacén. Tenía buena pinta pero aún no habían comenzado a usarlo con lo que no sabían si les valdría o no.

Pronto Javier les propuso pasar el producto a producción con una primera versión que solo permitiría dar de alta nuevo stock, registrar entradas y salidas y hacer un informe de inventario sencillo. No habría nada aún del complejo sistema de previsión de la demanda o los avisos por SMS cuando no quedaba suficiente cantidad de determinado producto en el almacén.

Cuando los usuarios del almacén comenzaron a usar la nueva aplicación comenzaron a surgir las dudas y a quedar claro lo que realmente era útil y lo que no. Después de tanta reunión a nadie se le había ocurrido que sería útil añadir la fecha histórica de entrega del producto para saber con cuanta antelación había que hacer el pedido antes de quedarse sin existencias o que la pantalla de pedidos debía informar de un solo vistazo sobre pedidos ya existentes del mismo producto para evitar volver a pedirlos.

Los siguientes puntos sobre los que trabajar estaban muy claros ahora. Además, nuevas peticiones de mejora de la aplicación no paraban de llegar. Habían visto que si integraban la gestión de almacén con el software de facturación de los vehículos de reparto evitarían teclear una y otra vez todos los productos en ambos sistemas ahorrándoles mucho tiempo y errores. Esto no estaba previsto en el contrato inicial pero llegaron a un acuerdo. No se desarrollaría el sistema de previsión de la demanda que podrían dejar para una futura versión pero, a cambio, se realizaría esta integración con los dispositivos móviles de los agentes de reparto.

La colaboración con el cliente, aceptar cambios en los requisitos y la entrega frecuente de software funcionando convirtieron el proyecto en un caso de éxito para la distribuidora. Contaban ahora en la provincia con un software que cumplía su función y además aliviaba la carga de trabajo de los trabajadores del almacén y de los vendedores de reparto. En la central, en Madrid, habían oído hablar ya de este software y se estudiaba la posibilidad de implantarlo en otras localidades, quién sabe, quizás un nuevo proyecto para la *startup* de Javier, Alberto y David.

El ingeniero y el puente

En el siglo V antes de Cristo cierto ingeniero romano fue designado para dirigir la construcción de un puente sobre el río Leza. El puente era importante para la zona, permitiría el paso de personas y mercancías ahorrando tiempo en recorrer largas distancias buscando un paso llano por el que cruzar el río.

El ingeniero acogió su nombramiento con entusiasmo y se lanzó a planificar y estimar todo lo que sería necesario para su construcción. Calculó con exactitud cuántos albañiles, grúas, poleas, andamios y cimbras necesitaría y pudo ver claramente que contando con 50 trabajadores podría terminar un puente como aquel en 4,7 años de trabajo.

Con los 600.000 sestercios que recibió para ejecutar este encargo se apresuró a comprar todo el material que había calculado y ordenó depositarlo a pie de obra. Reclutó los 50 albañiles que había estimado y los envió a orillas del río para empezar los trabajos cuanto antes. No había tiempo que perder, cuanto antes se comience, antes se podrá acabar.

Pronto los trabajadores le dijeron que no eran necesarias tantas poleas y grúas pero que los picos y sierras eran claramente muy pocos para el trabajo que había que hacer. No puedo hacer nada, dijo el ingeniero, ya se ha gastado la mayor parte del presupuesto y no queda gran cosa para comprar nuevo material. Tendrán que adaptarse a lo que hay.

La construcción continuó su curso haciéndose pronto evidente que todo no marchaba según lo previsto. El capataz explicó al ingeniero que la cantera de donde se traía la piedra estaba demasiado lejos y que la calzada estaba llena de baches y socavones desde la riada del pasado invierno. Se tardaba mucho en traer la piedra en carretas hasta el puente. Tendrán que hacer un esfuerzo extra, dijo el ingeniero, no hay tiempo ahora para arreglar la calzada.

El capataz también hizo saber al ingeniero que era necesario construir arcos entre los pilares del puente para reducir los materiales utilizados y, sobre todo, para mejorar la resistencia del puente. No hay tiempo ahora para florituras, dijo el ingeniero, vamos retrasados. Pondremos algo más de mortero en los pilares, con eso será suficiente.

Las noticias sobre la marcha del puente llegaban a oídos del Prefecto que desesperaba por la lentitud de las obras por lo que mandó llamar al ingeniero. El Prefecto necesitaba justificarse ante Roma y exigía que el puente estuviese acabado para las próximas fiestas saturnales. El ingeniero explicó que para conseguir tal cosa necesitaría al menos otros 50 trabajadores adicionales. Ante la presión, el Prefecto accedió y se comprometió a enviar los nuevos trabajadores en el plazo de 1 mes.

De vuelta en el puente, el ingeniero reunió a todos los trabajadores y les pidió un esfuerzo adicional para cumplir los compromisos. Los trabajadores no entendían cómo podían trabajar el doble de rápido si no tenían suficiente piedra para continuar y en cualquier caso siempre debían esperar a que el mortero secase.

Ni siquiera con los nuevos trabajadores pudo terminarse el puente a tiempo. No había herramientas para todos, la piedra seguía llegando con lentitud a la obra y los desmoronamientos eran habituales por las prisas en la construcción.

En la antigua Roma, los constructores de un puente debían colocarse debajo mientras una legión entera lo cruzaba. Es un buen aliciente para construir puentes firmes y sólidos ¿no crees?

La hormiga y la cigarra

Cierto verano una cigarra andaba ociosa por el campo cuando descubrió a una pequeña hormiga que corría atareada de acá para allá.

- ¿Qué haces? le preguntó la cigarra.

- La Reina me ha pedido que comience a construir un nuevo hormiguero, contestó la hormiga.

- Pero si ya tienen uno a solo unos metros, inquirió sorprendida la cigarra.

- Sí, dijo la hormiga, pero se nos está quedando pequeño y en invierno, con las lluvias, se moja lo que hemos recolectado.

La cigarra, dispuesta a aprender de sus laboriosas amigas, pensó que era buena idea eso de prepararse para el invierno. Las hojas y ramas con las que construyó su refugio el año pasado se estaban secando y no estaría mal tener un nuevo hogar en el que pasar cómodamente el invierno.

Rápidamente tomó una decisión y se puso a planear el estupendo refugio que iba a construirse. Ahora que tenía tiempo lo construiría con todas las comodidades posibles. Sería la envidia de todo el prado. Las historias sobre su nuevo hogar se oirían incluso más allá del seto de cipreses. Tendría grandes ventanales para que entrase mucha luz y diseñaría un ingenioso sistema de poleas que le evitaría tener que andar entrando y saliendo del granero para dejar lo recogido.

La hormiga en cambio, tenía un plan. En agosto construiría la primera estancia que serviría de granero. Así, si este año las lluvias comenzaban pronto, tendrían por lo menos algo de hueco extra en el que dejar la recolección. Después planificó el resto del trabajo según su importancia. Si no le daba tiempo a terminarlo todo tendría, por lo menos, construidas las partes más importantes.

En septiembre excavaría un agujero para hacer la sala donde dejar las primeras larvas del año, en octubre construiría una estancia adicional para ampliar aún más la capacidad del granero y por último, en noviembre terminaría el trabajo construyendo una última estancia donde poder cultivar hongos.

Mientras, la cigarra andaba preocupada por tener un salón lo suficientemente grande y contar con una estructura sólida para dar cabida a todo lo que tenía pensado. Andaba de un lado para otro buscando los materiales que necesitaría para poner en pie todos los planes que tenía en la cabeza.

Ya en octubre cayeron las primeras lluvias pero la cigarra no tenía siquiera un refugio básico en el que guarecerse. Además, el agua le arruinó algunas de las primeras construcciones que tenía a medio hacer y las tuvo que volver a comenzar. Luego llegó noviembre y el tiempo se puso feo. Fue necesario apurar el trabajo y comenzar a trabajar de sol a sol.

Esas primeras lluvias de octubre hicieron pensar a la hormiga que algo podría salir mal y decidió probar si el trabajo hecho les sería útil. Comenzó a llenar con grano el nuevo hormiguero y pronto se dio cuenta que el agujero de entrada era demasiado pequeño para entrar con hojas grandes y que debía elevarlo un poco más si quería evitar que entrase el agua o el barro por él. Fue necesario parar el trabajo para arreglar esto.

El invierno llegó pronto ese año y la hormiga se dio cuenta de que no tendría tiempo suficiente para construir la última de las estancias, así que en el hormiguero decidieron hacer en su lugar un agujero de entrada adicional por si una piedra o un enemigo bloqueaba el principal.

A la cigarra, en cambio, el mal tiempo la pilló desprevenida. No sabía muy bien qué estaba terminado y qué no. Además lo que se había dado por terminado no había sido probado y ahora no había tiempo para mejorarlo. El invierno había llegado y no se podía seguir trabajando.

En su nuevo refugio, bajo las goteras, la cigarra se prometió a sí misma que esto no le volvería a pasar: '*El año que viene comenzaré a trabajar antes incluso que la hormiga*', se dijo.

La escuela de alfarería

A veces, y no pocas veces, retrasamos entregar nuestro trabajo porque creemos que todavía no está listo, que aún hay que mejorar o corregir cosas, que aún tenemos que seguir trabajando en él. En realidad suele ser miedo a fracasar, a que nuestro producto salga al mercado y que nadie lo compre porque no es perfecto o porque no da la talla. Puede ser también miedo a recibir críticas porque nuestro producto, nuestro libro, nuestro software tiene aún algún error gramatical o un pequeño *bug*: 'Sólo *publicaré la nueva entrada en el blog cuando nadie pueda ponerle ningún pero'*. Otras veces se trata simplemente de la parálisis del perfeccionismo.

Cierto profesor de alfarería en una escuela de arte dividió a sus alumnos en dos grupos y les dijo lo que tenían que hacer para obtener un 10 en su asignatura. Al primer grupo les dijo que tenían que hacer 100 jarrones para obtener la máxima calificación pero al segundo grupo les dijo que si querían obtener ese diez deberían hacer el mejor jarrón. Este último grupo dedicó todo el tiempo a teorizar y a leer sobre las mejores técnicas para hacer jarrones pero en realidad los mejores jarrones los hizo el primer grupo. Habían dedicado su tiempo a practicar y practicar haciendo 100 jarrones mejorando así su técnica. Lo mismo pasa con tu blog, con tu aplicación o con ese diseño al que llevas tiempo dándole vueltas. Deja que se encuentren con los verdaderos usuarios y que ellos den el visto bueno.

El mundo del software está lleno de productos que se desarrollaron durante años hasta tener todas las funcionalidades que el cliente pudiera imaginar, diseñados tal como fueron concebidos por sus creadores. Lamentablemente cuando salieron al mercado éste tenía sus propias ideas y necesidades. Muy poca gente usaba todas las características de la aplicación. Otras en cambio eran muy demandadas pero nadie había pensado en ellas cuando se diseñó.

Ya se sabe, lo perfecto es enemigo de lo bueno. Cuando tengas un producto pequeño pero que ya puede ser útil, lánzalo al mercado (*ship*), exponlo al público, gánate tus primeros clientes. Ellos te dirán lo que echan en falta. Aprende de eso, lanza luego una segunda versión, luego una tercera. Si con la primera versión no consigues hacerte con una pequeña cartera de clientes, quizás no sea el momento o lugar para tu producto. Por lo menos aprenderás un montón de cosas que antes no sabías y no habrás perdido meses y meses de tu trabajo.

SI SE PUEDE MEDIR, SE PUEDE MEJORAR

"Los planes son solo buenas intenciones a no ser que se conviertan en trabajo duro"

Peter Drucker

Se ha hecho famoso ya el terrible fiasco del sitio web *healthcare.gov* que pretendía ser pieza fundamental del conocido *Obamacare*, el plan nacional de salud que formaba parte del programa electoral del presidente norteamericano, con el que se quería facilitar la contratación de planes de salud a una parte importante de la población que no podía permitírselo.

El proyecto, desarrollado por la empresa CGI, ha concluido con 292 millones de dólares que ha desaparecido por el desagüe en una web que se colapsa cuando se conectan unos pocos cientos de usuarios al mismo tiempo o que cometía frecuentes errores en la cuota mensual del plan de salud de muchos usuarios.

Una de las cosas que destacaba el grupo de expertos que analizaba el fracaso de este proyecto es la falta de métricas o cuadros de mando con el que seguir la pista de cómo van cada una de las fases del desarrollo. La dirección central del proyecto no tenía idea de en qué estado estaban las cosas. Esto me hizo recordar el clásico axioma de calidad atribuido a Peter F. Drucker y que dice algo así: *'Lo que no se puede definir, no se puede medir, lo que no se puede medir no se puede mejorar, y lo que no se puede mejorar finalmente se deteriora'*. Hay muchas variaciones de esta frase y muchas versiones diferentes también sobre su autoría. Yo prefiero usar una versión que plantea un punto de vista algo más positivo: *'Si se puede medir, se puede mejorar'*.

Una métrica básica para el seguimiento del proyecto con Scrum es la suma del trabajo que queda por hacer. Diariamente podemos sumar las estimaciones de las tareas pendientes en el *sprint*. Esto nos dará la cantidad total de trabajo restante para terminar la actual iteración (*Release Burndown*). Con un poco de suerte al día siguiente habremos conseguido terminar algunas tareas más y esta suma será algo más pequeña. Si lo representamos en una gráfica, ésta irá decreciendo hasta alcanzar el eje 0 (cuanta más pendiente tenga la gráfica más velocidad lleva el equipo). Lo mismo podremos hacer con toda la Pila del Producto si sumamos las estimaciones de todas las funcionalidades que aún quedan por hacer.

Otra gráfica útil y sencilla que podemos utilizar es la CFD (*Cumulative Flow Diagram*) con la que, tomando los datos del tablero Kanban donde reflejamos la marcha proyecto, vamos anotando cada semana cuantas tareas tenemos y en qué estado están. Si por ejemplo tenemos un tablero en el que sólo tenemos las tareas en tres estados, *To-Do* (Por hacer), *In Progress* y *Done*, la gráfica mostraría algo como esto:

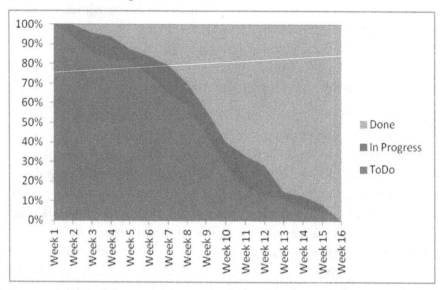

Al principio del proyecto todas las funcionalidades estarán por hacer (en color azul) y al final del mismo todas habrán alcanzado habrán sido marcadas como realizadas (*'Done'*, en color verde).

La representación no está escogida al azar. He observado en varios proyectos que la gráfica suele tomar esta forma característica. Una velocidad baja al principio (poca pendiente) cuando el equipo se está conjuntando, alta velocidad cuando se ha superado la fricción inicial (alta pendiente) y despacio nuevamente hacia el final del proyecto cuando se descubre que todas las tareas no se habían cerrado correctamente y quedan cosas por corregir (no se cumplió correctamente con la definición de *'Hecho'* o *'Terminado'*).

La gráfica burndown

Una gráfica burndown es una herramienta muy útil y sencilla de mantener. Nos va a permitir de un solo vistazo ver cómo va el proyecto. Pendiente pronunciada, vamos bien. Apenas pendiente, vamos mal.

Además de ser útil es muy fácil de entender. Tendremos en el eje x las semanas de trabajo o los *sprints* previstos y en el eje vertical tendremos el trabajo pendiente. Cuanto más alta esté la gráfica más trabajo queda pendiente. Cuanto más cercana a cero menos quedará por hacer.

Veamos ahora unos tipos de gráfica habituales en los proyectos e intentemos explicar qué puede estar pasando en esos proyectos o qué podemos hacer:

La gráfica que sube en lugar de bajar

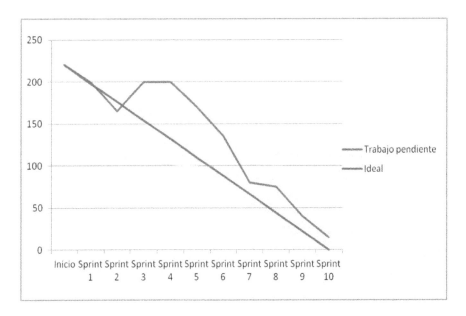

Los *sprints* 1 y 2 iban muy bien pero el equipo ha reestimado el trabajo en las tareas que quedaban pendientes y éste es más complejo de lo pensado inicialmente, o bien, se han añadido nuevas tareas al proyecto en los *sprints* 3 y 4. Afortunadamente, durante los *sprints* 5 y 6 se avanzó rápidamente y el proyecto no sufrirá un retraso importante a pesar de los cambios.

Rápido al inicio, despacio al final

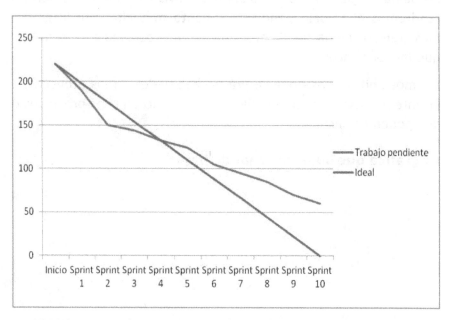

A pesar de que en los *sprints* iniciales se fue muy rápido, a partir del tercer y cuarto *sprint* se comprobó cuál era la verdadera velocidad del equipo. Esto puede pasar porque se acometieran las tareas de menor complejidad o incertidumbre al inicio del proyecto dejando las más laboriosas para el final o que, en las tareas restantes se cometió un error en la estimación, considerándolas más sencillas de lo que realmente resultaron ser.

Como puede verse en la gráfica, este proyecto no acabará en plazo. Para finalizarlo y que la línea de trabajo pendiente alcance cero aún quedarán, al menos, 4 o 5 *sprints* más. Se está realizando una media de 11 puntos por semana y en el *sprint* 10, cuando estaba previsto acabar, aún quedan 60 puntos estimados por finalizar, por lo que podemos deducir que si se mantiene esa velocidad acabaremos en el *sprint* 15 o 16.

Trabajo pendiente o trabajo realizado

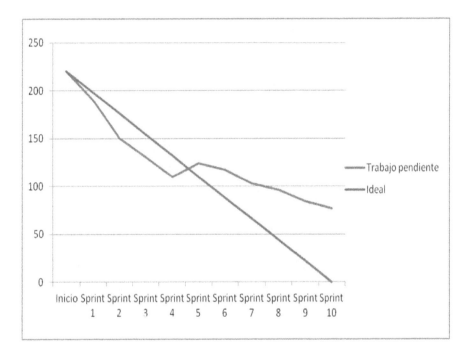

En esta gráfica puede verse que la línea de trabajo pendiente baja rápidamente durante los primeros *sprints* pero de forma mucho más lenta en los últimos. Puede que se haya confundido el trabajo pendiente con el trabajo realizado. Esto es habitual cuando hacemos un razonamiento como el siguiente: '*Si la tarea está estimada en 40 horas y he trabajado en ella durante 25 horas entonces quedan 15 horas pendientes*'. Si hacemos esto, podríamos trabajar durante esas 15 horas restantes y la tarea no estar acabada aún ya que 40 horas era solo una estimación. En realidad debíamos haber indicado cuantas horas creemos que nos quedan aún por hacer (aunque sean mucho más de las 15 que nos quedan de la estimación inicial).

La gráfica que nunca cae

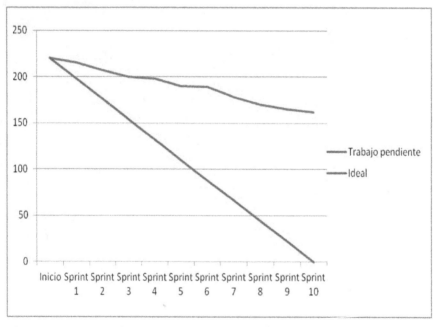

Esta es la gráfica más temida. Es casi horizontal y calcular cuando puede tocar suelo puede causar pánico. Razones para esto pueden haber varias, las más importantes podrían ser:

- El equipo que está trabajando en el proyecto es inexperto o completamente nuevo a las tecnologías que se están usando y no puede completar las tareas en el tiempo que se estimó inicialmente. La gráfica nos ayudará a saber, desde las primeras semanas, que el proyecto no va bien y que debemos afrontar el problema aportando, por ejemplo, ayuda al equipo incluyendo un miembro más experto. Añadir miembros al equipo, especialmente, cuando éste está avanzado, tiene riesgos también.

- Otra posible causa es que la definición de cuándo una tarea está terminada (definición de *Done*) no está siendo bien usada. Posiblemente las tareas se estén dando por terminadas cuando aún contienen errores por lo que el cliente o Dueño del Producto no las considera correctas (por tanto no se suman los puntos en la Reunión de Demo) o el Dueño del Producto no termina de dar por finalizadas tareas ya realizadas debido a que pospone el visto bueno final indefinidamente.

LECCIONES APRENDIDAS

"El fracaso se convierte en un éxito cuando aprendes de él"

Malcolm Forbes

Gestionando proyectos se cometen errores continuamente, yo por lo menos he cometido unos cuantos. En este apartado listaré sólo algunos de ellos, los más importantes o los más confesables, según se mire (he metido la pata de muchas otras formas pero había que ponerle algún límite a este capítulo). Estos son:

Primero el problema, después la solución

Ese es el orden, primero se identifica un problema y luego se le aplica una solución, no al revés: Es habitual oír hablar de una solución muy *moderna* que luego aplicamos entusiasmados al proyecto. Haya problema previo que solucionar o no. ¿De qué sirve implantar en el trabajo diario el nuevo y sofisticado software para hacer *Test Driven Development* si realmente estás teniendo un problema mucho más básico con ese proyecto o no tienes bien controlado el código fuente con un sistema de control de versiones?

Contar los pasos en lugar de mirar el camino

Todos sabemos que en los proyectos se suelen disparar las horas empleadas y que rara vez se cumplen los cálculos hechos en las estimaciones. Nuestra primera reacción suele ser la de supervisar cada hora registrada y hacer complejas gráficas que nos muestran lo bien o mal que vamos con respecto a la estimación pero ¿nos ayuda esto a terminar antes el proyecto?

Si nos contratasen para llevar una carga desde el punto A hasta el punto B e hiciésemos una estimación según la cual haremos ese trabajo dando 10.000 pasos ¿en qué nos va a ayudar saber que ya hemos dado 5.000? ¿Sabemos dónde estamos o si hemos estado dando vueltas en círculo? ¿No será mejor levantar la vista, mirar cuánto hemos recorrido ya, si el camino realmente lleva a B o si hay algún modo más fácil de llegar allí?

Requisitos fantasma

En ocasiones pedimos a los miembros del equipo de trabajo que cambien lo que ya han hecho porque *'así no lo va a aceptar el cliente'* o porque nosotros pensamos que el producto debe funcionar de otra manera. Nuestro compañero ya hizo una propuesta que ha costado tiempo y esfuerzo. Es mejor que la vea el cliente y dé su opinión. Él decidirá si está bien o está mal. Invertir tiempo en correcciones o mejoras no solicitadas sólo nos va a retrasar la entrega (con esto no quiero decir que no se revise lo que se ha hecho o que no se compruebe si tiene la calidad suficiente antes de mostrarlo al cliente).

Contagiar las prisas

Como jefe de proyecto suelo trabajar en varios a la vez, lo que suele implicar a varios clientes, cada uno con sus necesidades, múltiples fechas de entrega, tensión y mucho estrés. Intento no contagiar este estrés a los miembros del equipo de trabajo y aportar la tranquilidad que pueda. Por supuesto, todos los miembros del equipo deben conocer las fechas de entrega y el trabajo comprometido en cada una de ellas. Añadir prisas al trabajo diario sólo suele traer problemas en la calidad del producto final o cosas que se quedan a medio resolver y que tendrás que atender más tarde dedicándole el doble de tiempo.

¿Puedes hacerlo más fácil?

Uno de los principales errores que se comete en un proyecto es el de comenzar cuanto antes cada tarea sin pararse a planificar los pasos a dar en ella, si realmente es necesaria y, sobre todo, si puede simplificarse de algún modo. Me refiero no solo a implementarla del modo más fácil posible sino a simplificar la funcionalidad en sí. Para ese complejo sistema de interconexión entre múltiples ordenadores ¿no existe ya algún estándar predefinido? Para ese analizador sintáctico ¿es necesario que sepa resolver ecuaciones de tercer grado? No hay tiempo mejor invertido que el utilizado para reducir la complejidad del trabajo a hacer.

Cinco lecciones aprendidas en la gestión de proyectos

Siempre que acabo un proyecto procuro hacer balance de lo que fue mal o de lo que fue bien en él, de lo que intenté y no funcionó o de lo que debo anotarme para no volver a hacer. Incluso cuando el balance final lo he considerado negativo, puede que el proyecto haya merecido la pena si en el siguiente proyecto no vuelvo a cometer los mismos errores.

De algunos de esos balances he extraído aquí cinco de las lecciones más importantes que he aprendido. Algunos son errores de principiante, otros los debería haber resuelto la simple lógica pero no me resultaron tan evidentes cuando estaba en ello. Ahí van:

La agilidad funciona

Es difícil de cuantificar pero desde que comencé a usar Scrum en mis proyectos, el número de horas invertidas por funcionalidad bajó y en mi opinión lo hizo bastante. Simplemente haciendo el seguimiento diario durante 15 minutos, mantener la gráfica del estado del proyecto que nos indica si vamos bien o no y las entregas cada dos semanas nos permitieron obtener el 80% de las ventajas de Scrum. Además, a los clientes parecía aportarles cierta tranquilidad que de forma consistente cada dos semanas se entregara y mostrara lo que se había acordado dos semanas antes. En los meses de julio y agosto, cuando no eran posibles las reuniones, el envío semanal de un simple documento de dos páginas con el porcentaje de realización de cada funcionalidad y dos párrafos explicando el porqué de esos porcentajes, ayudó a recuperar credibilidad en un proyecto difícil (especialmente cuando en septiembre se pudo comprobar que los porcentajes eran reales)

Todo no es positivo en Scrum

Se requiere de bastante más dedicación del *Scrum Master* de la que tendría si solo jugase el papel de jefe de proyecto. En esos 15 minutos de seguimiento diario te van a contar un montón de dificultades que se necesitan resolver para seguir avanzando. Intentar resolverlas te va a llevar el resto de la mañana.

Por otro lado, tener una entrega cada 2 semanas puede ser agotador. No se puede estar esprintando durante meses. Al cabo de seis meses se termina trotando (y eso con suerte). Es necesario tener esto en cuenta desde la primera planificación.

Por último, y no por ello menos importante, Scrum no es magia. Uses la metodología que uses necesitarás un equipo formado en el trabajo a realizar, dispuesto a arrimar el hombro y con ganas de aportar. Equipos así no crecen en los árboles. Si cuentas con uno, la misión del jefe de proyecto será estorbar lo menos posible. Tampoco olvides que no sólo el equipo deberá arrimar el hombro, tú también deberás hacerlo.

Incorporar más trabajadores a un proyecto retrasado sólo conseguirá retrasarlo aún más

Bueno, esto ya se decía desde hace un montón de años en el libro *The Mythical Man-Month*. Aún así es necesario recalcarlo, apenas hay excepciones a la regla. No importa lo ajustado que sean los plazos: nueve mujeres no pueden crear un bebé en un mes.

¿Quién es el dueño de todo esto?

Da igual cómo lo llamemos: identificar a los interesados, designar el *Product Owner* o hacer partícipes a los *stakeholders*. Al final necesitaremos saber quién va a validarlo en realidad. Y no me refiero a quién va a firmar la factura. Necesitarás conocer también a quién va a usar el producto. El proyecto sólo será un éxito si después de entregarlo funciona y es útil.

En algún proyecto el director de área nos facilitó toda la documentación, validó las entregas parciales, testeó toda la aplicación y nos felicitó por el trabajo realizado. Lamentablemente, cuando su secretaria acudió a la sesión de formación una semana antes de la puesta en producción nos dijo: 'Esto no me sirve: esa ya no es la plantilla correcta y necesito recoger datos diferentes de los que ahí pone'. Esto significó una semana de horas extra y esfuerzo adicional además del riesgo de poner en producción un producto que podría ser inestable.

Producto Mínimo Viable

Si ya tienes algo que puede ser útil al usuario, entrégalo, ponlo en producción, sácalo a la venta. No esperes a tener todas y cada una de las funcionalidades terminadas. Si recuerdas el principio de Pareto con sólo el 20% de ellas conseguirás completar el 80% de los usos que tendrá tu producto.

Cuando esté en producción comenzarás a obtener las impresiones de los usuarios. Ellos sabrán con mayor exactitud qué es lo que de verdad necesitan y tú sabrás qué has hecho mal y cómo puedes mejorarlo. Si apuestas por una única entrega final sólo cuentas con una única bala para acertar en la diana (haber hecho esto nos habría ahorrado un montón de problemas con el producto mencionado en el punto anterior).

Lecciones aprendidas de otros

Dice un antiguo refrán que nadie aprende en cabeza ajena pero intentémoslo al menos leyendo sobre las experiencias de otros gestionando proyectos.

Si en el apartado anterior contaba algunos de mis errores gestionando proyectos, les cuento en esta otra sección algunas de las principales lecciones aprendidas por Jeff Sutherland cuando ayuda a implantar Scrum en lugares como Nokia, PatientKeeper o la propia Google:

En Google, en alguno de sus equipos, se introdujo Scrum poco a poco por temor a la resistencia de sus ingenieros que podían pensar que introducir un proceso formal en equipos ya altamente productivos, no les beneficiaría sino que ralentizaría en su trabajo. Comenzaron la implementación de Scrum usando solo las prácticas más básicas. Si lo hace Google ¿por qué no nosotros?

También en Google, hubo incluso cierta resistencia a mantener las reuniones diarias para las que pensaban que sería un tiempo invertido en vano. Comenzaron por reuniones que duraban mucho más de 15 minutos ya que cada ingeniero tardaba mucho tiempo en explicar lo que estaba haciendo y los problemas que estaba teniendo. Después de un tiempo, cuando todo el mundo había explicado su trabajo y era consciente del de los demás, las reuniones fueron mucho más fluidas y provechosas. Para mi alivio, en su Scrum inicial simplificado no usaban gráfica *burndown* por cada iteración sino una por cada entrega. Esto me hizo sentir mejor ya que yo no había podido nunca mantener un tablero Kanban actualizado a diario para cada *sprint* (sí, ya sé, *Scrumbutophobia*).

La gráfica *burndown* les ayudaba a darse cuenta de cuál era el tiempo real que iban a emplear en desarrollar una funcionalidad. Para una funcionalidad a la que inicialmente asignaron un tiempo de tres semanas y cuarenta puntos comprobaron que en la primera semana hicieron solo ocho puntos. En la segunda consiguieron terminar solo 7,5 puntos. Aún así, uno de los responsables pensaba que tendrían la funcionalidad lista en la tercera semana cuando la gráfica hacía evidente que no estaría en ese tiempo.

Jeff Sutherland cuenta que, en un proyecto para el sector sanitario usado a la vez por cientos de doctores y usuarios online, la definición de *Terminado* (*Done*) se fue ampliando y haciéndose cada vez más exigente pasando inicialmente por solo ejecutar los test unitarios y de aceptación para luego añadir a la definición de verdaderamente *Hecho* o *Terminado* a algo como esto: *'Poner en producción y si el teléfono no suena con incidencias durante 1 hora la nueva entrega estaba completa'*.

Por qué fallan los proyectos

Razones hay muchas, seguro que parándonos a pensar un poco se nos ocurren unas cuantas, pero hay una que no siempre es tan obvia. Las estadísticas parecen indicar que si reducimos el tamaño de nuestro proyecto podemos aumentar en un 50% su probabilidad de éxito.

Un estudio indica que los proyectos de más de 1 millón de dólares tienen un 50% más de probabilidades de fallar que los proyectos de menos de 350.000 dólares. ¿Cómo no se nos había ocurrido antes? Los proyectos pequeños son más fáciles de gestionar y ejecutar que los grandes.

En proyectos grandes con duraciones superiores a un año tendemos a establecer las reuniones, hitos y revisiones con una periodicidad mayor, mensuales, bimensuales o incluso trimestrales. No es suficiente para tomar el pulso al coste del proyecto y comprobar si se está trabajando en la línea correcta, si se entrega lo que se necesita o si nos estamos desviando mucho de lo previsto.

Por otro lado, con proyectos de duración superior a un año, o incluso menos, se corre el riesgo de que hacia la finalización del proyecto, los objetivos y necesidades del negocio del cliente hayan cambiado con respecto a lo que le motivó a contratarlo. Si desarrollamos una aplicación para móviles ¿el mercado será el mismo dentro de 1 año cuando queramos venderla? Si quisiéramos hacer una aplicación basada en la legislación laboral actual ¿será útil dentro de uno o dos años cuando vea la luz nuestro producto? Parece mejor ver los grandes proyectos como 'programas de actuación' divididos en proyectos más pequeños, en los que con cada uno de ellos se entrega una parte del resultado global.

Yo añadiría un aspecto más: los proyectos grandes suelen planificarse y presupuestarse de ese modo porque con ellos se trata de conseguir objetivos realmente ambiciosos y complejos. Lamentablemente, con cada orden de complejidad adicional se multiplica el tiempo necesario para resolverla.

Si nos fijamos atentamente, el mundo TI parece ir en una línea muy distinta a ésta y trata de mantener los productos a desarrollar tan simples como sea posible. Hace unos años, los productos software más populares tenían menús llenos de características, funcionalidades y opciones de configuración (recordemos cada versión de MS Office o MS Outlook). En cambio, la mayoría de los productos actuales, los que residen en la nube o en nuestros dispositivos móviles, son mucho más simples: un par de casillas de texto y un botón para aceptar ¡no hay más!

David Karp, fundador de Tumblr, dijo acerca de esto: '*Cada funcionalidad tiene un coste de mantenimiento, y tener menos funcionalidades nos permite centrarnos en aquellas realmente importantes y asegurarnos de que funcionan muy bien'*.

Me parece un gran planteamiento ¡Cuántas funcionalidades no habré desarrollado que me parecían muy útiles inicialmente pero que nunca fueron usadas!

Agile, ese asunto de freaks

Pocas cosas hay más de moda ahora en el mundo IT que Agile, Scrum o Kanban. Muchas empresas están adoptando estas técnicas en sus proyectos pero no todas tienen éxito. Muchas fallan miserablemente al primer intento y deciden no volver a probar. Comentan '*Scrum no es para nosotros, ya lo intentamos y no sirve para nuestros proyectos*' o '*Al cliente no le gustó. Quería volver a sus diagramas de Gantt y sus entregas a final de año*'.

No suele ser debido a nuestro tipo de proyecto o lo especial de nuestros requerimientos. Tendemos a pensar que nuestros proyectos son muy particulares o más complejos que ningún otro pero la mayoría de nosotros no trabaja en proyectos tan poco comunes. Adoptar técnicas ágiles no es fácil. Suponen un cambio importante en la forma de trabajar y cuando algunas cosas empiezan a no ir bien algunos señalarán con el dedo al Scrum Master y a esas técnicas raras que no les están llevando por buen camino.

Si aún así decides apostar por estas formas de trabajar y te planteas llevar tu próximo proyecto con Scrum aquí tienes algunos de los posibles problemas con los que te encontrarás:

Clientes: esto es cosa de freaks

No todos tus clientes habrán oído hablar de estas técnicas ágiles y quizás no les importe demasiado la forma en que tú y tu equipo se organizan. Quieren los resultados por los que te han contratado y para ello supervisarán tu trabajo y te exigirán unas fechas y unos compromisos. No estaba en sus planes oírte hablar usando terminología rara.

En la reunión de arranque de uno de los primeros proyectos en los que empecé a utilizar Scrum quise explicar la metodología que íbamos a usar y cuál iba a ser nuestro funcionamiento. Comencé hablando de *deliverables*, *sprints* o scrum masters para continuar después con *daily meetings* y gráficas *burndown*. Pronto vi que me miraban atónitos así que me salté el resto de puntos pendientes y fui directamente a la conclusión. Nadie se dio cuenta ni hizo ninguna pregunta al respecto.

Desde entonces no entro en gran detalle sobre nuestros procedimientos y desde luego tampoco uso términos que puedan sonar raros a alguien que no conozca esta metodología. Para mi sorpresa algunos clientes terminan preguntándome un tiempo después cómo se llama esta forma de trabajar y adaptándose rápidamente a los tiempos de los *sprints* y los *spikes*.

Directores: Scrum es anarquía

La máxima preocupación del director de una compañía IT suele ser que desarrolles un buen producto pero que lo hagas dentro del plazo y presupuesto previsto. Si no puedes cumplirlo puedes dejar un enorme agujero en las cuentas de la empresa y encima puedes perder un posible cliente contento. Demasiado riesgo para dejarlo en manos de nuevas metodologías.

Puede sonar más tranquilizador oír hablar al jefe de proyecto de calendarios, seguimiento de costes y de ocupación en lugar de entregas frecuentes y software funcionando. No dudo que los primeros puntos sean también importantes pero sirven de poco si el cliente no tiene un software con el que pueda ir trabajando. El jefe de proyectos tendrá que ir haciendo malabares con su tiempo para entregar los informes de facturación, el registro de horas empleadas o hacer estimaciones pero, sobre todo, no debe olvidar que su principal trabajo es entregar software que funcione.

Esfuerzo y práctica

Buenos *frameworks*, metodologías y herramientas te van a ayudar a hacer tu trabajo mejor, no hay duda, pero no olvides que también tendrás que poner un montón de horas de trabajo sobre eso. Horas de trabajo y esfuerzo para intentar hacer las cosas un poco mejor, un poco más rápido o con mejor calidad cada vez. Tu cliente, tu equipo y tu vida personal y familiar te lo agradecerán.

Hace muchos años, cuando se comenzaba a conocer cosas sobre la plasticidad del cerebro humano, su capacidad para regenerarse o adaptarse y que con la práctica y la estimulación de ciertas zonas se podían mejorar sus resultados, se pidió a grandes genios de la época que, una vez fallecieran, donaran sus cerebros a la ciencia (curiosamente nadie quiso hacerlo antes).

Los científicos querían estudiar qué tenían estas personas de especiales y, una vez descubierto, su idea era que todos pudiéramos estimular y ejercitar estas zonas para convertirnos en genios de la humanidad.

Pero después de estudiar unos cuantos cerebros, no encontraron nada de especial. Ni las neuronas iban más rápido, ni tenían una cantidad especial de conexiones entre ellas, ni nada de nada. Lo único que encontraron es que tenían una zona del cerebro hiper-desarrollada, más grande de lo normal. Era una zona dedicada a la memoria y que el cerebro utiliza para recordar cosas, pero que los científicos ya habían visto desarrollada así en taxistas de Londres.

Londres es una ciudad gigantesca, con miles y miles de calles y los taxistas que llevan muchos años trabajando en ella son capaces de recordar de memoria un gran número de calles. Obviamente, los taxistas de Londres no son genios (al menos no todos ellos). Entonces ¿Qué hacía tan especiales a esos premios Nobel que donaron su cerebro a la ciencia?

Fue unos años más tarde cuando surgió otra teoría que trataba de explicar este fenómeno. Era la llamada teoría de las 10,000 horas del libro *Outliers* de Malcolm Gladwell. Esta teoría decía que la gente que destacaba en sus profesiones o deportes era debido a que había invertido a lo largo de su vida unas 10,000 horas en perfeccionar su técnica.

Se había visto que el primer violinista de una orquesta contaba con 10,000 horas de práctica, el segundo sólo 7,000 y así consecutivamente. Lo mismo para el cirujano principal de un hospital o el golfista que destaca ese año en el campo.

Macauley, una gran jugador de baloncesto en los años 50 que fue el primer MVP en un partido all-star, decía *'Si no estás practicando, alguien, en algún lugar, lo está haciendo, y cuando te enfrentes a él, te va a ganar'*.

Pero (de nuevo hay un pero) esta teoría tampoco lo explica todo. Todos conocemos a jugadores de *basket*, golfistas o jugadores de fútbol que llevan más de 10,000 horas de práctica y nunca van a llegar ni a tercera regional (no quisiera vivir cerca del violinista que después de 2,000 horas de práctica aún está ensayando canciones de principiante).

Aquí es cuando llega una tercera teoría que explica que lo que tenían estas personas en sus cabezas no era más que curiosidad. Sí, simple curiosidad. Ganas de hacer, de saber, de comprender o como lo queramos llamar.

Esto es lo que hacía que esos genios que donaron sus cerebros tuviesen el suficiente entusiasmo como para dedicar 10,000, 20,000 o más horas de su tiempo a lo que les apasiona, probando cosas diferentes cuando algo no les funciona e intentando cosas nuevas que les lleve por caminos distintos.

Así que si quieres convertirte, por ejemplo, en un experto arquitecto software Java, ya sabes más o menos el esfuerzo que tienes que ponerle. Por otro lado, asegúrate de que te gusta mucho a lo que te vas a dedicar. Vas a invertir ahí mucho tiempo y si no te apasiona lo que haces va a ser difícil que llegues a un nivel avanzado. Mil horas repitiendo lo mismo no suman más que las 50 primeras que fue lo que tardaste en aprenderlo.

AL FINAL DE TODO

"La metodología, los procedimientos y las políticas de tus proyectos deberían de trabajar para ti y no tú para ellos"

Blog Think like a Project manager

Jefe de proyecto ¿y ahora qué?

Nos acaban de nombrar jefe de proyectos. Lo han hecho porque hemos tenido una buena trayectoria como técnicos en nuestro campo y nos han querido premiar con esta responsabilidad. En realidad no sabemos gran cosa de lo que tenemos que hacer a partir de ahora, sólo sabemos que el jefe de proyecto es *'el que manda'* y el que siempre nos exigía responsabilidades. Lo buscamos en la *Wikipedia* y encontramos que nuestra misión es la de cumplir con los objetivos del proyecto gestionando el coste, el tiempo, el alcance ¡casi nada!

Hasta ahora, del coste de un proyecto no sabíamos mucho, de esas cosas se encargaba nuestro jefe, y siempre nos explicaba que íbamos mal en asuntos de dinero. Sobre el tiempo para realizar el proyecto sólo sabíamos que siempre incumplíamos los plazos y que para cada entrega era habitual tener que trabajar varios fines de semana. En cuanto al alcance, también era frecuente que terminásemos haciendo una cosa muy diferente a la prevista al principio y que nuevos requisitos entrasen continuamente en la lista de tareas. Todo esto es ahora nuestra responsabilidad ¿Cómo vamos a ser capaces de meter en vereda el nuevo proyecto?

Podemos tomar una actitud de supervisión llevando una contabilidad exhaustiva y precisa de gastos y horas empleadas, asignando y desasignando recursos y limitándonos a exigir al equipo de trabajo que cumpla con los plazos estimados. Lamentablemente, seguir a pies juntillas un cronograma hecho antes de saber casi nada del proyecto no va a hacer más fácil que se puedan cumplir esos plazos. Contar que ya hemos registrado dos mil horas en la aplicación de gestión de incidencias tampoco nos va a decir si estamos construyendo el producto que el cliente necesita o si vamos por buen camino.

Cuanto más tiempo paso gestionando proyectos más pienso que la labor del jefe de proyecto no está solo en pedir explicaciones y exigir responsabilidades sino en ayudar a cumplir esos encargos. Facilitar el trabajo a los demás y buscar la forma más fácil de hacer el trabajo no es sencillo pero por algo nos han dado esta responsabilidad.

Nuestro trabajo sería más fácil si siempre contásemos con un equipo muy experimentado para el que no haya tarea que se le resista. No necesitaríamos dedicar semanas enteras a formación ni tendríamos que preocuparnos por facilitar el trabajo. Ellos nos facilitarían el nuestro. Sólo tendríamos que sentarnos a esperar a que terminen el proyecto, pero ¿de dónde vamos a sacar equipos así?

Lamentablemente el talento y la experiencia no crecen en los árboles. Podrías empezar a pagar más y más a tu equipo de trabajo para atraer a los mejores pero esto mismo lo van a comenzar a hacer también tus competidores para retener a sus profesionales y, no nos engañemos, tu empresa no es Google. Esto sólo se lo pueden permitir empresas con pingües beneficios como ésa y por mucho que paguen siempre habrá muy buenos profesionales trabajando para otras compañías.

Tu equipo de trabajo y tú, que formas parte de él, con todos los inconvenientes que tengáis tendrán que hacer el trabajo lo mejor que puedan. Esa es tu principal tarea ahora: sacar el mejor partido a tu equipo. Estoy seguro de que podrán hacer grandes cosas con un poco de esfuerzo. Ya se sabe: 'A largo plazo no triunfan los más brillantes sino los talentos medios que vencen habitualmente la pereza'.

Siempre podremos hacer algo para sacar el mejor partido del gran equipo con el que contamos. Por ejemplo:

Ayudar a ser más productivos

La procrastinación o la pereza para acometer las tareas más difíciles y el pequeño caos para organizar nuestras tareas diarias son dificultades que tenemos todos los trabajadores. Sí, los jefes de proyecto también.

Para evitar esto creo que seguir metodologías ágiles como Scrum me ha ayudado bastante: Cada dos semanas debemos hacer una entrega de lo que estamos haciendo. Una entrega revisada y comprobada. No podemos dejar todo para el final del proyecto y luego ver que no funciona. Sería como diseñar y construir un coche de una sola pieza y ponerlo a la venta sin haber probado primero que el motor funciona o que el sistema eléctrico es capaz de arrancar el coche y de encender las luces.

Otra práctica que creo que también ayuda mucho a mejorar la productividad es el hábito de mantener reuniones diarias con los miembros del equipo de trabajo. Esto nos ayuda a que todos seamos conscientes de lo que tenemos que hacer cada día, de los problemas que están surgiendo pero, sobre todo, nos hace ver lo cerca que está la siguiente entrega.

Dar tranquilidad al equipo de trabajo

Esto ya lo avisaba Frederick Brooks en su libro *The Mythical Man-month*: Es necesario reservar el tiempo suficiente para hacer las tareas. Si damos menos tiempo del necesario para acabar una tarea, no solo la calidad se puede resentir sino que podríamos tardar aún más del que habríamos necesitado si hubiésemos planificado el tiempo suficiente.

Si por presiones externas, comprometemos para tres meses una tarea que en condiciones normales tardaríamos seis, podemos acabar haciéndola en nueve. Al cumplirse los tres meses previstos y ver que la tarea aún no está acabada, la presión y el estrés aumentarán y esto hará sufrir la calidad del producto. También tendríamos la tentación de añadir más personas al equipo para acabar antes el trabajo, pero esto no es gratis. Varios miembros deberán parar durante semanas o meses para formar a los nuevos integrantes, tiempo durante el cual ni los nuevos ni los antiguos miembros del equipo estarán avanzando sus tareas. Otra tentación sería la de darles menos tiempo de formación a los nuevos pero ¿llegarán a ser totalmente productivos antes de que acabe el trabajo?

Otra forma de aportar tranquilidad a los equipos de trabajo es no interrumpiéndolos. Esta es una de las cosas que más me ha costado aprender. Las prisas del trabajo diario nos hacen ver que cada cosa que llega a la bandeja de correo es aún más importante que la anterior y andamos todo el día pidiendo a unos y a otros que paren lo que están haciendo para apagar el último incendio.

Con interrupciones constantes no hay un poco de sosiego para acabar tareas que requieren concentración. Para evitar estas interrupciones procuro:

- Concentrarlas todas en un único momento del día. Preferiblemente a última hora del día.

- Pedir con antelación suficiente que me reserven esa última hora de la jornada de forma que puedan organizar el resto de sus tareas en el tiempo restante.

- Acortar las interrupciones al mínimo posible siendo conciso en la exposición y llevando todo lo necesario para resolver la cuestión ya preparado al momento de la reunión.

Mantener el buen humor

Esta es la parte más difícil de cumplir. Todos tenemos nuestras presiones y nuestros problemas pero intentando bajar los niveles de estrés a lo justo, dando tranquilidad al equipo y recordando que dirigir es facilitar y no solo controlar, intentaremos conseguir que el trabajo no sea siempre tan cansado, sino quizás hasta divertido.

Certificaciones

Nada te hará aprender más sobre cómo gestionar un proyecto que gestionar uno, luego otro y aún otro más. Por supuesto, es bueno conocer previamente la teoría que tantos gestores de proyecto han dejado escrita en múltiples libros y guías como PMBOK. Lamentablemente para que nos den la oportunidad de dirigir un proyecto no siempre basta con haber leído mucho sino que a veces ayuda acreditar nuestro conocimiento con alguna certificación reconocida.

Actualmente, las tres más importantes son *Professional Scrum Master* (PSM) de Scrum.org, *Certified Scrum Master* (CSM) de Scrum Alliance y *Agile Certified Professional* (PMI-ACP) de PMI (los mismos de la certificación PMP).

Las dos primeras tienen su origen en la misma persona, Ken Schwaber. Ken es uno de los creadores de Scrum, que junto con Jeff Sutherland, definió las versiones iniciales de Scrum que presentaron juntos formalmente en la OOPSLA del 95.

Juntos crearon también la organización Scrum Alliance en la que comenzaron a certificar profesionales de Scrum con la certificación CSM.

En 2010, Ken decide dejar la Scrum Alliance y fundar el instituto scrum.org para intentar orientarlo más hacia el objetivo de divulgar Scrum. Desde este nuevo instituto (scrum.org) se comenzaron a entregar las certificaciones PSM. Desde 2012 hay también un nuevo competidor en liza, la certificación PMI-ACP que está sonando muy fuerte desde entonces.

Comparativa entre las certificaciones ágiles

PSM. Test sólo online. Coste 150 dólares. 80 preguntas en inglés a resolver en 60 minutos. Necesario tener un 85% de preguntas correctas. El certificado no expira.

CSM. Antes del examen debes tomar un curso de dos días cuyo coste puede rondar entre los 1,000 y los 2,000 dólares. Luego un test presencial de 35 preguntas (en 2012) de las que tendrás que acertar 24. Al parecer no es complejo. Deberás renovar el certificado cada dos años aportando 100 dólares y, a partir de 2015, un cierto número de SEUs (algo equivalente a las PDU de PMI).

PMI-ACP. Se requieren 1,500 horas de experiencia ágil previa y 21 horas de un curso de formación ágil en cualquier institución que te lo certifique. Test de 120 preguntas en un centro Prometric. El certificado debe renovarse cada tres años para lo que se debe obtener 30 PDUs nuevos en gestión de proyectos (1 PDU equivale a una hora de formación o actividad profesional).

Aunque CSM puede que sea la más reconocida, yo, en particular, opté por PSM I de Scrum.org por varios motivos:

- La certificación y los materiales han sido creados por Ken Schwaber, como comentaba antes, uno de los fundadores de Scrum.

- El certificado PSM no tiene costes de mantenimiento como sí los tiene CSM.

- Antes de 2012, para obtener el CSM no se requería realizar un examen, solo asistir a algunos de los cursos impartidos por profesionales autorizados.

- PSM I tiene numerosas preguntas del tipo '*¿Cómo responderías a esta situación?*' por lo que para aprobarlo se requiere un conocimiento amplio de Scrum.

- Por último, el certificado PSM I puede obtenerse de forma online sin asistir a ningún curso presencial en alguna de las grandes ciudades europeas (esto es importante residiendo en unas apartadas islas en medio del Atlántico).

La prueba consiste en 80 preguntas (de tipo verdadero/falso o seleccionar una de las opciones múltiples) a resolver en 60 minutos por lo que, aunque tengas el material a tu lado cuando hagas la prueba, no tendrás tiempo de hacer trampa si no sabes la respuesta. Para aprobar necesitarás acertar el 85% de las preguntas propuestas.

¿Cómo aprobar la certificación?

Te serán útiles los siguientes consejos:

- Lee detenidamente la guía de Scrum de *Scrum.org*. Es muy densa, no tiene muchas páginas, y sobre una sola frase de esta guía pueden haber varias preguntas en el examen.

- Lee la guía de *Do Better Scrum*. Está basado en el Scrum de Scrum Alliance y no es el material oficial del examen pero puede darte algunos puntos de vista diferentes que no quedan claros en la guía de Scrum.org.

- Si eres completamente nuevo a Scrum estas guías están demasiado resumidas. Necesitarás formación ampliada que ponga las reglas y los artefactos en un caso práctico. Para esto recomiendo el libro de Henrik Kniberg, *Scrum and XP from the trenches*.

- Haz el examen de pruebas gratuito de la página oficial, Scrum Open (una y otra vez si es necesario).

- Practica con el **test online de preparación del examen PSM I** (puedes encontrarlo en psmiscrumtest.herokuapp.com) de **antoniomartel.com**. Es una página con tests de pruebas que creé en 2014 usando *Ruby on Rails* y desplegando en la nube de *Heroku*. Te permite probar tus conocimientos de Scrum con un examen de 10 preguntas aleatorias en castellano muy similares a las que puedes encontrar en el examen oficial de PSM I. Es gratuito para los lectores de este libro y puedes repetir el test cuantas veces quieras (las preguntas serán distintas).

- El examen es en inglés. Asegúrate de leer detenidamente cada pregunta. Un *'potentially'* o un *'required'* puede cambiar completamente la respuesta que debe darse.

Por último, el coste del examen es de 150 dólares, que, por supuesto, no son reembolsables si suspendes el examen. Buena suerte con la prueba.

Si te interesa realizar este examen e intentar aprobarlo a la primera quizás te interese el libro **Certificación Professional Scrum Master** que puedes encontrar en Amazon. Ahí encontrarás, entre otras muchas cosas, información sobre las ventajas de obtener una certificación como PSM I, una comparativa más extensa sobre las otras certificaciones más populares en el mercado, más trucos y recursos para aprobar el examen y las soluciones al test online propuesto en este apartado.

Sí, hago Scrum pero...

La guía de Scrum en *scrum.org* define a este marco de trabajo como consistente en *'Equipos Scrum y sus roles, eventos, artefactos y reglas. Cada componente sirve para un propósito específico y es esencial para el éxito de Scrum'*

Sin embargo, en la práctica, no siempre nos ajustamos a una ejecución exacta de lo definido en esta guía. No tenemos tiempo para realizar todas las reuniones, cambiamos el plazo de un *sprint*, en definitiva, hacemos un Scrum adaptado a los inconvenientes que van surgiendo.

Estas excusas que solemos poner para justificar nuestras modificaciones a la metodología tienen nombre propio, son las 'ScrumBut', o lo que es lo mismo: Sí, hago Scrum pero...

Hace algunos años, en Nokia se definió un pequeño test, modificado posteriormente por Jeff Sutherland, para medir el grado de cumplimiento de las prácticas de Scrum en los diferentes equipos con los que trabajaban: **El Scrum But... test**.

Cada práctica de Scrum está pensada para resolver disfunciones comunes en muchos equipos de trabajo y que son muy difíciles de corregir. Después de todo, la propia guía dice que Scrum es *'Simple de entender pero extremadamente difícil de dominar'*.

Scrumdamentalismo

Scrum y otras técnicas ágiles llevan solo unos años siendo populares en Europa y ya se está hablando de *Post-Agile* o lo que vendrá después de esta moda de lo *'ágil'* ¡Si no hemos tenido tiempo de aprender Scrum y ya lo están reemplazando! En realidad el movimiento *Post-Agile* no pretende ser algo que sustituya a Scrum a Kanban o a otras técnicas bajo el mismo epígrafe sino que más bien intentan que no se pierda la filosofía que hay detrás.

He visto a muchos profesionales preocupados por seguir todas y cada una de las reglas que se definen en Scrum, usando pomposos nombres para sus reuniones y un montón de tarjetas de colores para todo tipo de tareas posibles. Andan demasiado preocupados por no sacar una altísima puntuación en el *Scrum But... Test* y suelen decir cosas como *'¡Qué no actualizas la gráfica burndown a diario! Entonces tú no estás haciendo Scrum'*, *'¿No mantienes una Reunión de Retrospectiva después de cada demo? Eso no es Scrum'*.

En algunos casos es una especie de fundamentalismo del Scrum que afecta a los profesionales TI y que a veces nos lleva a convertirnos en pequeños talibanes de nuestro lenguaje de programación favorito o de la metodología que esté de moda en ese momento. En otros casos es algo así con una enfermedad, *Scrumbutophobia*, como la denomina Henrik Kniberg, conocida también como Scrumdamentalismo, y que se define como el miedo a seguir mal Scrum.

Hay un concepto divertido, que proviene de las artes marciales, en las que a las fases del aprendizaje se las llama Shu Ha Ri. Este concepto explica que cuando se está aprendiendo un arte marcial, y esto puede aplicarse a muchos otros campos, se pasa por estas tres etapas. La primera, *Shu*, en la que los aprendices sólo se siguen las reglas que se les ha enseñado. La segunda, *Ha*, en la que aprenden a adaptarlas para que les funcione mejor en sus condiciones particulares. La última, *Ri*, se da cuando ya se conocen y dominan las técnicas y simplemente se *'ignoran'* las reglas. Uno de los síntomas de los que padecen, o hemos padecido, la fobia a hacer mal el Scrum, es la de estar atascados en *Shu*, la primera fase del aprendizaje.

"Que le den a las reglas! Las reglas son buenas al inicio, luego rómpelas cuando lo necesites"

Si tu meta es entregar productos de calidad que sean verdaderamente útiles al cliente y no tener que acudir continuamente al contrato a verificar si estás obligado a hacer esa tarea. Si te olvidas un poco de porcentajes, de complejos procesos y de tanta herramienta para centrarte en si estás mostrando periódicamente demos que funcionan (*con algún error que otro*) en lugar de powerpoints y barras de progreso, entonces creo que vas por buen camino. No te preocupes si no cumples todas y cada una de las reglas de Scrum.

El mundo avanza que es una barbaridad

Es una expresión muy castiza pero no por ello deja de ser cierta. En el mundo de la tecnología las cosas suceden más y más rápido cada vez. A los profesionales de las tecnologías de la información nos cuesta Dios y ayuda saber qué se está cociendo en cada uno de los nichos tecnológicos.

En el desarrollo de software, por ejemplo, si trabajabas hace unos cuantos años para un banco o hacías un programa de contabilidad, trabajabas en un único lenguaje. En tu primer día de trabajo te dejaban un libro muy gordo que se llamaba 'La Biblia de *(pon aquí tu lenguaje favorito)*'. Todo estaba ahí, la lista de instrucciones, sus parámetros y ejemplos de su uso. Tenían incluso un anexo con la lista de todos los errores posibles. Nada podía salir mal. Después de tres años trabajando te conocías la lista completa de errores y no había instrucción que tuviera secretos para ti.

Lamentablemente alguien empezó a poner los servidores cada vez más lejos del usuario: Primero el servidor de base de datos, escondido al fondo de la oficina por lo que tuvimos que aprender SQL. Luego llegó Internet y junto al servidor de base de datos se puso un servidor de aplicaciones. Hubo que aprender a usar un *Tomcat* y a programar en *Java*, PHP o .NET.

Cuando al fondo de la oficina no quedaba hueco para tanto servidor se les buscó un sitio en un centro de datos en las afueras, donde había un montón de servidores de empresas diferentes. Pero no fue suficiente, unos años después Google se llevó los servidores y sus datos aún más lejos, a Arkansas o Arizona, o a ambos sitios a la vez, nadie sabe muy bien. Llegó la computación en la nube y ahora comienza a ser imprescindible programar en *NoSQL*, *MongoDB* o *Cassandra*, pero también con *Android* y para el *iPhone*, y...

Ya no basta con tener un título universitario. En menos tiempo del que pestañeamos ya hay dos *frameworks* nuevos. Tampoco basta con acumular pequeños cursos subvencionados, mal traducidos y con temarios que son un *refrito* de la misma información repetida de curso en curso. Coleccionar diplomas como estampitas te puede dar una falsa sensación de seguridad pero en realidad no te está ayudando gran cosa a mantenerte actualizado.

Afortunadamente, al igual que la tecnología nos obliga a mantenernos al día, también nos ayuda a hacerlo con cursos de gran calidad como los que puedes encontrar en Miríada X, edX o Coursera. Tienes también a tu disposición cientos de miles de libros como éste en Amazon o totalmente gratis en Internet. Mantenerse al día de todas las novedades en nuestro campo es una responsabilidad para todo profesional pero además una obligación para el gestor de proyectos.

Suele haber cierto debate sobre si un jefe de proyecto debe conocer con profundidad lo que se está cociendo en su proyecto o si basta con que tenga muy buenas habilidades de negociación, planificación y gestión de recursos ¿debe haber sido antes un buen técnico en su campo o es suficiente con que tenga una cierta idea del trabajo y se deje asesorar por su equipo?

Pocas veces tenemos en una misma persona todas esas cualidades, tener un alto conocimiento de las técnicas de su campo y a la vez contar con grandes habilidades para el trato con clientes y equipo de trabajo siendo capaces de llegar a un buen acuerdo incluso en las condiciones más difíciles.

Sin menospreciar el conjunto de *soft-skills* necesario para ser un buen negociador, yo me inclino personalmente por el jefe de proyecto que antes ha sido un buen técnico y que es capaz de entender lo que le están explicando sus técnicos ¿cómo si no va a tomar decisiones acertadas sobre lo que se debe hacer o el camino a tomar?

Además, no basta con que el jefe exija el cumplimiento de cronogramas y plazos a su equipo sino que es muy útil también que sea capaz de enseñar cómo hacerlo. Ser capaz de guiar y concretar las tareas a realizar va a ayudar que se consiga finalizarlas antes. *Consigue más quién más concreta y consigue más quién más revisa lo concretado* (Gabriel Ginebra)

Thomas J. Watson vendedor de cajas registradoras que terminó fundando IBM, cuenta que en sus inicios como vendedor, después de una semana recorriendo con un caballo cargado de cajas registradoras las granjas de toda su zona, le contó a su jefe su pésimo resultado como vendedor: No consiguió una sola venta.

En lugar de echarle una bronca o despedirlo, su jefe le explicó en qué fallaba su discurso de ventas, le contó cómo hacerlo mejor y le acompañó en la carretera a cada una de las ventas para mostrarle personalmente cómo hacerlo. Watson no salía de su asombro, cada una de las visitas en las que participaba su jefe terminaba en un acuerdo de venta. Gracias a la labor como mentor de su jefe, Watson llegó a ser el máximo vendedor de su área. Merece la pena contar con un jefe que conoce bien su trabajo ¿no?

EPÍLOGO

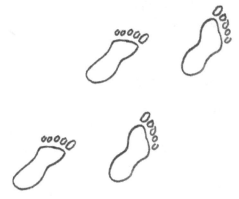

"Algunos errores son demasiado divertidos para solo cometerlos una vez"

Blog 'Think like a Project manager'

Esto que puedes leer aquí es casi todo lo que te puedo contar de mi experiencia con Scrum. Espero que te haya sido de utilidad o por lo menos que te haya aportado algún punto de vista nuevo que puedas añadir a tu repertorio de ideas.

Por favor, no olvides que en la gestión de proyectos, y en prácticamente casi cualquier aspecto de la vida, no hay nadie (y mucho menos yo) que lo sepa todo sobre ese asunto. Las cosas que a mí me han funcionado pueden no serte útiles a ti y las que no lo hicieron quizás sean justo lo que te está faltando para sacar adelante tu proyecto, así que toma estas ideas con precaución.

Seguro que muchos de los lectores tienen también experiencia con Scrum o con la gestión de proyectos en general y tienen mucho que aportar. Agradeceré enormemente cualquier opinión o sugerencia sobre el libro que me pueda ayudar a mejorarlo. Cualquier cosa que me puedan contar me será de utilidad. Siéntanse libres de contactar conmigo en **antonio@antoniomartel.com**.

AGRADECIMIENTOS

"Dios te dio hoy un regalo de 84.600 segundos ¿Has usado alguno de ellos para decir gracias?"

William Arthur Ward

Quisiera darte las gracias por haber comprado este libro pero, sobre todo, por haber llegado hasta este capítulo. Significa que has dedicado una parte de tu tiempo a leerlo y eso es lo que más valoro. Si te ha gustado *Gestión práctica de proyectos con Scrum* y lo has encontrado útil te estaría agradecido si dejas tu opinión en Amazon. Los comentarios de los lectores son importantes para mí. Me serán útiles para continuar escribiendo libros sobre Scrum o gestión de proyectos ágiles y para mejorar poco a poco los contenidos de este libro.

También quiero agradecer en esta sección a mis hermanos, Carmelo y María, las horas que le dedicaron a la revisión de este libro y las innumerables correcciones que le hicieron a su contenido, sus imágenes o su portada. Gracias también por sus sinceras y directas sugerencias de mejora (a veces demasiado sinceras). Sin ellos este libro habría tardado mucho más en ver la luz.

SOBRE EL AUTOR

"Es más fácil hablar del cambio que hacer que se produzca"

Alvin Toffler

Antonio Martel ha trabajado en el desarrollo y gestión de proyectos software en áreas de seguridad (Policía), gestión medio ambiental y Business Intelligence en las **Islas Canarias** (sí, esas pequeñas islas en medio del Océano Atlántico de donde vienen esos pájaros de colores) o Inglaterra y Alemania.

Gestor de proyectos software especializado en soluciones Java y Business Intelligence usando metodologías ágiles para su gestión. Es también Scrum Master certificado (PSM I) con un amplio portfolio de proyectos internacionales para administraciones públicas locales y regionales en España pero también para empresas alemanas o escandinavas.

Antonio es autor de *bestsellers* de Amazon, como el de este libro que estás leyendo, que ya en agosto de 2015 llegó a alcanzar el número 1 en ventas entre todos los *ebooks* (de todos los géneros) de Amazon España, permaneciendo en el Top 100 durante 5 días consecutivos. También alcanzó el número 3 en ventas en la categoría de libros de *Project Management* de Amazon.com (en todos los idiomas y para todos los libros, no sólo para *ebooks*).

Además es autor del blog **www.antoniomartel.com** dedicado a mejorar la productividad de los departamentos de desarrollo de software mediante la aplicación de metodologías ágiles y del libro **Certificación Professional Scrum Master: PSM I** publicado en Amazon en agosto de 2015.

El libro *Certificación Professional Scrum Master: Cómo preparar la certificación PSM I de Scrum.*org es un *ebook* en el que se te va explicar todo lo que necesitas saber sobre la certificación, a contarte los pequeños trucos y técnicas que te van a ayudar a prepararte mejor y a aprobar a la primera una certificación como *Professional Scrum Master I*. Con el libro tendrás acceso gratuito a una web con tests de pruebas para ayudarte a ensayar para el examen final y a la descarga de cuatro exámenes en formato PDF para que puedas resolverlos desde tu PC o impresos en papel sin necesidad de estar conectado a Internet.

Más información en mi perfil profesional en LinkedIn (linkedin.com/in/antoniomartel) o en mi página personal (perfil.antoniomartel.com), hecha con *Twitter Bootstra*p y con *Google Drive* como servidor web.